MÉMOIRES D'OUTRE-TOMBE

CHATEAUBRIAND

MÉMOIRES D'OUTRE-TOMBE

PREMIÈRE PARTIE—LIVRES VIII ET IX
(CHATEAUBRIAND EN ANGLETERRE)

Edited with Introduction and Notes

BY

A. HAMILTON THOMPSON, M.A., F.S.A.

CAMBRIDGE
AT THE UNIVERSITY PRESS
1920

CAMBRIDGE
UNIVERSITY PRESS

University Printing House, Cambridge CB2 8BS, United Kingdom

Published in the United States of America by Cambridge University Press, New York

Cambridge University Press is part of the University of Cambridge.

It furthers the University's mission by disseminating knowledge in the pursuit of
education, learning and research at the highest international levels of excellence.

www.cambridge.org
Information on this title: www.cambridge.org/9781107635463

© Cambridge University Press 1920

First published 1920
First paperback edition 2014

A catalogue record for this publication is available from the British Library

ISBN 978-1-107-63546-3 Paperback

PREFACE

THE editor desires to express his indebtedness to
Mr Arthur Tilley, who has kindly read the introduction and notes to the present volume and furnished
valuable criticisms and suggestions.

NEWCASTLE-ON-TYNE,
October, 1919.

CONTENTS

INTRODUCTION

I

In December 1803 Chateaubriand, writing to Joubert from Rome, represented himself as occupied with the composition of his memoirs, a work which formed his only source of happiness and distraction from his sorrow at the death of Mme de Beaumont and from the difficulties of his position as secretary of legation. Thirty-five years later, there remained only one sentence of this first attempt which he was able or willing to publish[1]. His design in the first instance was to omit the events of his youth and to confine himself to the recent years, following his return to France in 1800, during which he had emerged from obscurity. Although it was abandoned for the time being, the project was not forgotten. In August 1807, after his return from the East, he bought a small estate at Aunay, near Sceaux, where he established himself 'au milieu de mes souvenirs, comme dans une grande bibliothèque.' Here, as his prose epic *Les Martyrs*, published in March 1809, advanced towards completion, he resumed his *Mémoires*[2]. On his own showing, the connected narrative was not begun until 4 October 1811, the feast of his patron saint and the anniversary of his arrival at Jerusalem five years earlier[3]; but the material which he brought into shape at this time had probably been long pondered and existed in fragmentary form. During the period between 1803 and 1811 his design had been substantially altered. In

[1] See *M. d'O.-T.*, ed. Biré, II, 387-8.
[2] *Ibid.* III, 7.   [3] *Ibid.* I, 3.

the narrative of 1811 he went back to the memories of his childhood and youth, seen through a perspective of romance. His object, like that of Wordsworth in *The Prelude*, was to trace the growth of a poet's mind. In this case the poet was one who saw life as án epic conflict and himself as its hero, destined to lead an apostate country back to its abandoned religion and to exercise an intellectual sway over his generation comparable to the influence wielded by Napoleon in the world of practical politics. His idea of his position is summed up in a phrase which he used of himself at one of the frequent crises of his fortunes: 'du haut de mon char, je domine le train des rois[1].' The contrast between the obscure cadet of a Breton family, the young dreamer in the towers and woods of Combourg, the traveller in the wilds of America, the indigent *émigré* in the army of the princes and in England, and the author of the *Génie du Christianisme*, the eloquent political pamphleteer, the agent of the return of the Bourbons, the peer of France and ambassador to Berlin and London, grew as the work of writing the *Mémoires* proceeded. Interrupted from time to time, the story which forms the first part of *Mémoires d'Outre-Tombe* and embraces the first thirty-two years of Chateaubriand's life, was completed in 1822, during his embassy to England. His relation of the vicissitudes of his career from the outbreak of the revolution to 1800 lost no point in the telling by one who saw himself the representative of his country in a land where, an unnoticed stranger, he had suffered the sharpest privations.

The first part of the *Mémoires* forms a work complete in itself, a poetic narrative by the author of *Les Martyrs* and *Les Natchez*, founded on fact but embellished with a strongly romantic colouring. It belongs to the class of autobiography of which the *Confessions* of Rousseau is the classical example; and, although Chateaubriand somewhat ungratefully renounced the early enthusiasm for Rousseau which he had declared in the *Essai sur les*

[1] *Ibid.* IV, 144.

Révolutions, he did not easily escape from the influence
of his model. In its final form it was subjected to considerable revision. The manuscript of the first three books,
lent to Mme Récamier in 1826 and printed from her
copy in 1874 under the editorship of Mme Lenormant,
contains passages omitted from the definitive text and
numerous important variations. When Chateaubriand
revised his work towards the end of his life, the contrast
between the method of composition of the early and
later portions could not be concealed. After 1822 the
unity of design maintained throughout the first part was
broken : the continuity of the work was interrupted and
the remainder, or about three-quarters of the whole,
was written at two distinct periods and in two distinct
manners.

In 1822 Chateaubriand's political influence reached its
highest point. As envoy to the congress of Verona and
minister of foreign affairs, he directed the intervention of
France in Spanish politics. This led to his estrangement
from Villèle, whom he had helped to bring into power,
and ultimately to his own dismissal from the ministry.
In 1827, however, when Villèle fell, Chateaubriand was
nominated ambassador to Rome. At Rome in 1828 the
Mémoires were resumed. Instead of taking up the story
where he had left it off, Chateaubriand began to write
in some detail what is virtually a contemporary diary.
This portion, which forms the concluding third of the
whole work and begins with the twelfth book of the third
part, covers the period from 1828 to 1834. In this record
of passing events described from a personal point of view,
Chateaubriand challenges comparison with the writers of
Mémoires properly so called. His view of himself as the
hero of an epic was unchanged, and, in the course which
he took during the sequel of the revolution of 1830, the
picturesque *rôle* which he loved to fill was ready to his
hand. Nothing suited him better than the part of the
faithful servant whom no ingratitude could alienate from
a fallen master, and there was abundance of romantic

material in the missions to Prague and Italy which he undertook on behalf of the duchesse de Berry in 1833. The story of these journeys was written *en voyage*, while their details were fresh in his memory. Such a species of composition, however vivid it may be and however heroic the light in which the writer regards himself, is quite different in its effect from the retrospective method which gives the events of past years a carefully considered artistic setting. The perspective is changed and the author is too near the actual facts to set the lights and shades of his recital in their true relations. The romantic and historical elements are both apparent, but, whether as romance or history, the result is necessarily incomplete.

In 1834 the story of the years from 1800 to 1828 remained untold. From an early date in the composition of the *Mémoires*, Chateaubriand had determined that they should not see the light until after his death; but their existence was an open secret and he was anxious to judge of their effect upon his friends during his lifetime. In February 1834 a group of privileged persons, assembled in Mme Récamier's *salon* at the Abbaye-aux-Bois, listened to the reading of the opening pages. These meetings took place at intervals, and some of those who attended them have left descriptions of their ceremonial. Mrs Trollope, who visited Paris in 1835, was admitted to one of them, and her account, written with sympathy and admiration, gives a vivid impression of the scene and the sentiment that pervaded the audience[1]. The hostess, one of the most famous and beautiful Frenchwomen of her day, and her chief guest and intimate friend, the most celebrated man of letters of the Napoleonic era and the Restoration, belonged to a past order of things; and the voice which the company came to hear in this quiet corner of the faubourg Saint-Germain was a voice from the tomb of dead enthusiasms and disappointed aspirations. Chateaubriand, carrying

[1] *Paris and the Parisians in* 1835, II, 212–31 (letter LX). The chapter is illustrated by an engraving of the scene by Hervieu.

his manuscript wrapped in a silk handkerchief, took his seat facing the audience beneath the chimney-piece and Gérard's picture of Corinna, with the embellished features of Mme de Staël, improvising at cape Misenum, which prince August of Prussia presented to Mme Récamier in exchange for her own portrait. The manuscript was handed to a reader, usually Jean-Jacques Ampère, who sat at the other end of the sofa; and the assembled party, which, with members of the old aristocracy, included celebrities of the past age such as Gérard and Chateaubriand's friend Ballanche and rising critics of the new era like Sainte-Beuve and Edgar Quinet, listened in charmed silence. The readings lasted from two o'clock until late in the evening: the mute presence of the author himself communicated a special accent of dignified pathos to the dirge of his youth and ambition.

The fame of the work and the romantic secrecy in which it was enveloped was increased by the publication of Chateaubriand's *Préface testamentaire* in the *Revue des Deux-Mondes* for 15 March 1834 and of a book of articles by various critics, edited by Nisard and entitled *Lectures des Mémoires de M. de Chateaubriand*, which appeared in the following July. One of the least capable judges of the value of money, Chateaubriand after 1830 was a poor man; and in March 1836 he sold the property of the *Mémoires* and any future works to a company formed for the purpose, with the stipulation that the *Mémoires* should not be published until after his death. He received an immediate payment of 250,000 francs with the promise of a yearly income of 12,000 francs with reversion to his wife in survivorship. Meanwhile the gap from 1800 to 1828 remained unfilled. The opening of the portion which constitutes the second part of the completed work was written at Dieppe in 1836. It advanced slowly for some time: in 1837–8 Chateaubriand added a book (IV, ix) to the concluding portion, containing a survey of contemporary affairs, and in November 1838, at Chantilly, among the memories of the house of

Condé, he wrote his account of the murder of the duc d'Enghien. His greatest activity was in 1839, which saw the publication of his *Congrès de Vérone*, the history of a period omitted from the *Mémoires*. In 1841 he added his finishing touches to the final book begun in 1834. The last lines were written on 16 November 1841 early in the morning, as the moon set behind the dome of the Invalides, seen across the garden of the Missions étrangères in the dimness of dawn. ' On dirait que 'ancien monde finit, et que le nouveau commence. Je vois les reflets d'une aurore dont je ne verrai pas se lever le soleil. Il ne me reste qu'à m'asseoir au bord de ma fosse; après quoi je descendrai hardiment, le crucifix à la main, dans l'éternité.'

The work of 1836–41 is of a mixed character. Already the early books of the *Mémoires* had been preluded by reflexions upon the circumstances of their composition, and Chateaubriand's life as ambassador in Berlin and London had been commented upon in some detail. The second part, dealing with his literary career, retained much of the purely epic character: even the long documented account of the tragedy of Vincennes, which is of the nature of a political pamphlet, is written from the standpoint of one who saw in himself the hero of the occasion. His withdrawal from public life as a consequence of the execution of the duc d'Enghien was not a renunciation of allegiance by a mere satellite, bent upon self-extinction: it was the removal of his own star from the dangerous orbit of a rival. His journey to the East and the literary industry which produced the *Itinéraire* and *Les Martyrs* were an interval in the career of the restorer of the altar who, as Napoleon's star waned, was destined to be a protagonist in the restoration of the throne and to lay his glory at the service of the Bourbons. A perpetual sense of contrast between himself and the fallen meteor led him to the long digression upon Napoleon which occupies the opening books of the third part of the *Mémoires*. In these books, perhaps the most famous of the whole work, he wrote history with a remarkable vividness. If he dwelt rather tediously upon Napoleon's proceedings in Egypt and the plague at Jaffa, his summary of the first consulate and the empire is written with a swiftness and terseness which reflect at every point the breathless amazement of Napoleon's conquest of Europe, and is followed effectively by the long-drawn picture of the fateful invasion of Russia. At every point, too, the hand of the artist and poet is perceptible, elevating his theme to the fullest height and enhancing history with the ornaments of imagination, as when he writes of the retreat from Moscow : 'les sapins changés en cristaux immobiles s'élèvent çà et là, candélabres de ces pompes funèbres.' With the entry of the allies into Paris and the events of the hundred days, we return to Chateaubriand himself, the author of *De Buonaparte et des Bourbons* sleeping with his incriminating manuscript under his pillow and a pistol at his side, on guard against the espionage of the imperial police, the fugitive at Ghent, escaping from the cares of his phantom ministry of state to walk in the *béguinage*, and listening to the distant thunders of Waterloo beneath an overcast sky on the Brussels road, with Caesar's Commentaries in his hand. With the second Restoration, we enter upon the line of connexion which brings us back to the portion begun in 1828 : this part of the work, mingling history with personal reminiscence and supplemented by the *Congrès de Vérone*, the narrative of Chateaubriand's chief political achievement, is the introduction to the books which partake most nearly of the proper nature of memoirs.

It is evident that the whole work was subjected to frequent rehandling as it proceeded, and the final revision was not finished until 1847, the year before the author's death. The preparation of this legacy to posterity, from the conception of the task to its final completion, extended over forty-four years of Chateaubriand's life : if during this period it was often interrupted and laid aside for long intervals, it remained his darling project. In 1844 he

was seriously distressed by the transference of the property of the *Mémoires* from the company which had
acquired it to Émile de Girardin, the editor of *La Presse*,
for serial publication as a *feuilleton* in his newspaper.
Chateaubriand's first impulse was to protest against this
alteration in the contract and repudiate his part in it :
this, however, meant the loss of his only source of income,
and more prudent counsels induced him to acquiesce
unwillingly. On 4 July 1848 he died at his lodgings in
the rue du Bac, and on 19 July his nephew, the head
of his house, conveyed his body to the resting-place
which he had chosen on the islet of le Grand-Bé, over-
looking Saint-Malo, his native town, and the ocean, that
second fatherland whose eternal restlessness had entered
deeply into his life and found expression in passage
after passage of his writings.

   Three months later, on 17 October, Charles de
Monselet's introduction to the *Mémoires d'Outre-Tombe*
began to appear in *La Presse*, and on 20 October
appeared the first instalment of the work itself. The
last *feuilleton* came out on 3 July 1850 : in the meantime,
the publication had been occasionally interrupted and
Chateaubriand's memory had to suffer competition with
serials by living authors. Produced in this unsatisfactory
way, the merits of the record were left largely to the
patience and discernment of the reader. Chateaubriand's
arrangement of the work in four parts, divided into
books, was not taken into account, and the prologues
which designedly broke the current of his narrative, instead of falling into their natural order in the scheme,
assumed the appearance of mere digressions. It was not
until 1898–1900 that an edition of the *Mémoires* following
Chateaubriand's own plan appeared. While an edition
embodying the interesting variations which exist for the
earlier part of the text is still to be desired, M. Edmond
Biré has restored order to the chaos created by the first
editors and, if his plea for the unity of the work is con-
tradicted by the obvious disparity of proportion and

method between its various parts, the links which unite them are clear.

II

The portion of the *Mémoires* included in this selection deals with Chateaubriand's life in England during the emigration. On 17 May 1793, after four months of sickness in Jersey, the result of his sufferings in the royalist army, he landed at Southampton. ' Voilà donc,' he wrote in 1822, 'qu'après mes courses dans les bois de l'Amérique et dans les camps de l'Allemagne, j'arrive en 1793, pauvre émigré, sur cette terre où j'écris tout ceci en 1822 et où je suis aujourd'hui magnifique ambassadeur[1].' The seven years which followed, with all their privations and anxieties, were of cardinal importance in the development of his genius : he accumulated during this period a store of literary work upon which he drew freely afterwards, the bent of his mind, hitherto undecided, was fixed in a definite direction, and the episode of his visit to Suffolk seems to have given a permanent shape and feature to the phantom *sylphide* whom his imagination had conjured up in his boyhood at Combourg and never ceased to pursue throughout life. If he dwelt somewhat too magniloquently upon the contrast between the ambassador giving costly entertainments in Portland place and the destitute *émigré* who landed in England with the remains of thirty louis as his sole capital and lodged in obscure London garrets, his reflexions were perhaps pardonable in one who remembered that those seven years of exile formed the real crisis of his life.

His relation of the story is summary and is affected by the poetic colouring which he gave, as has been said, to the early portion of the *Mémoires*. With regard to dates and localities, he is extremely vague. The clues to his actual places of lodging in London are slight and the date of his sojourn in Suffolk, as indicated by him-

[1] *M. d'O.-T.* II, 105–6.

self in the *Mémoires*, is difficult to reconcile with the inferences suggested by other passages in his works. What may be stated with certainty amounts to this. On his arrival in London, he lodged somewhere between Holborn and the Strand and, after his meeting with Peltier, occupied a room in Greville street, Bloomsbury, at the offices of the printer Baylis. Later, he removed to a garret in or near the New road, Marylebone. If these events are placed in chronological order and not merely grouped together for pictorial effect—a possibility which must be always taken into account—Chateaubriand cannot have left London for Suffolk before the spring of 1795. It was not until 1795 that Baylis, with whom he owed his connexion to Peltier, became Peltier's printer. His stay therefore in Bloomsbury and Marylebone was very brief, and his account of Peltier's visit to him in his chilly eyrie in Marylebone, bringing the news that there was work for him at Beccles, shows that the attempted suicide of his friend Hingant, which preceded his departure from Baylis' house, was quite recent. Against this we have to set the fact that he relates the misfortunes of his family, the execution of his brother and sister-in-law, which took place in April 1794, and the imprisonment of his mother and youngest sister and the wife whom he had hardly seen, in connexion with his adventures in Suffolk. Here, however, he merely states that his grief disclosed his anonymity to his friends ; and it may reasonably be conjectured that his sorrow at these calamities was still obvious, especially in a man of his brooding temperament, and provoked curiosity in a country place long after the news had actually reached him[1].

He was in London again in 1796, changing his lodgings in the quarter to which he refers as 'Holborn—Tottenham —Court road,' and the publication of the *Essai historique*

[1] These dates are discussed by F. Baldensperger, *Chateaubriand et l'émigration royaliste à Londres* (*Études d'hist. litt.*, 2ᵉ sér., 1910, pp. 95 sqq.). The earlier date is maintained by A. Le Braz, *Au pays d'exil de Chateaubriand*, 1909, pp. 25-6.

sur les Révolutions, early in 1797, made him 'presque un personnage' among his compatriots. From the rooms in Hampstead road, where the Irish girl Mary Neale said to him 'You carry your heart in a sling,' a remark which doubtless had been made in other forms at Beccles and Bungay, he gradually drew nearer to the part of the town inhabited by the more distinguished *émigrés* and extended his acquaintance. During his stay in Paris in 1789 he had met various well-known men of letters: he now encountered some of them again and his association with Fontanes in particular was revived, to be broken only by the death of the elder poet, whose cordial recognition of Chateaubriand's genius did honour to a mind nurtured among older traditions and not easily accessible to novelty. Fontanes left England in 1798: it was about the same time that Chateaubriand received the news of his mother's death. He definitely says that he spent part of the summer of 1799 at Richmond in the company of Christian de Lamoignon, and that Peltier persuaded him to leave the fogs of the Thames for a driving-tour in Oxfordshire and Buckinghamshire. At this point, however, of the *Mémoires*, he is aiming at giving a general impression of England and English life as he saw them, the work follows no chronological sequence, and the events of 1798 and 1799 appear to be mingled without regard to strict accuracy. With the establishment of the first consulate, order was restored in France: the *émigrés* began to find their way back and Chateaubriand, whose sympathy with his fellow-exiles was strongly tempered with criticism of the intransigeant section among them, returned in May 1800.

His account of his literary work in England is marked by the vagueness which distinguishes his chronology. While in the army, he had made progress with the manuscript which was the fruit of his travels in America: he had revised a passage that afterwards was to appear in *Atala* amid the remains of the amphitheatre at Trèves, and the packet of paper in his haversack had stood between him and a bullet at Thionville. The 'terrible manuscrit' of *Les Natchez*, of 2393 folio leaves, which he left behind him in England and did not recover until long afterwards, became the source from which he drew for descriptive passages in the *Essai historique*, the *Génie du Christianisme* and for *Atala* and *René*, which were originally intended to be episodes in the second of these works. This creation of a material which could be readily transferred to suit the purposes of the moment was characteristic of his genius : the *Essai historique* in its turn was used to supply material to later books, to which its *chapitres à tiroir*, as Sainte-Beuve calls them, could easily be adapted. Works of imagination and reverie, however, could hardly supply him with the living of which he stood in need. By the good offices of Peltier he was enabled to secure some translating work and to obtain some guarantee for the publication of the *Essai*, at which he set busily to work. The precarious state of his health and the wretchedness of his life in London gave him little hope for the future, when Peltier found work for him in Suffolk. On the real nature of this work Chateaubriand deliberately mystified posterity. He says that he was invited, on behalf of a society of antiquaries in Suffolk, with the rector of Beccles at its head, to aid them in deciphering French manuscripts of the twelfth century in the collection of William Camden for the purposes of a county history. Antiquaries at that date were not very critical, and it is quite possible that Chateaubriand, whose skill in displaying the fruits of his historical studies was always remarkable, may have been chosen for such a task on very slender guarantees as regards palaeography. Although he distinctly alludes later on to his acquaintance with these manuscripts, their existence is highly doubtful. French manuscripts of the date which throw light on the history of any English county are, to say the least of it, uncommon : there is no Camden collection of MSS., and, if there were, the obvious place to consult

it would have been London or Oxford. Further, of the
antiquarian society, of its project of a history and of the
activity in this direction of Mr Bence Sparrow, the rector
of Beccles, no record remains ; and it is certain that the
main object of Chateaubriand's migration to Suffolk,
although he is silent about it, was to give French lessons
in the schools of Beccles and in the neighbourhood.

There is no doubt, however, that he was well received
in Suffolk and that many of his hours of leisure were
spent in country-house libraries, where much of the
material lavishly poured into the *Essai* was accumulated.
The *Essai* itself, or rather the first part of a work which
was never completed, was published after his return to
London. This elaborate and incoherent, but extremely
readable work, whose extravagances of opinion and
faults of style were at once defended against his detractors
and sweepingly criticised by the author in an annotated
edition of 1826, is of high importance in the development of his opinions. Royalist in sentiment and attached
to the dethroned family by his profound sense of honour,
he was yet a typical child of the revolutionary period in
his acceptance of *philosophe* doctrines. Rousseau was the
god of his idolatry : the doctrines of *Émile* and the profession of faith of the Vicaire Savoyard were the last
word of morality and religion ; and his admiring contrast of
the unfettered life of the man of the woods, illustrated
by traits taken from his own American travels, with the
artificiality of social life was as strongly affected by his
discipleship to Rousseau as by the petty miseries of the
society of the emigration, so antagonistic to his free and
turbulent spirit. Although the *Essai* contains occasional
passages which give signs of an *anima naturaliter
Christiana*, it was the work of one who rejected revealed
religion and condemned the hierarchy by which it was
maintained; and the manuscript notes in a copy which
came into the possession of Sainte-Beuve are even more
explicit on this point than the printed text. Chateaubriand, however, was always the creature of impulse

and notes jotted down in moments of disgust with the
world must not be taken too seriously. His improved
circumstances after the publication of the *Essai* led to
a quick change of thought. He found new friends, and
was for a time in hope of employment and a subsidy
from the chief agent of the comte d'Artois and the
ultra-royalists. There is no doubt that his intimacy
with the orthodox Fontanes helped to modify his opinions;
for, with all his pride and independence, he was singularly
docile to friendly criticism. His walks with Fontanes
were a welcome change from the lonely country rambles
round London which could only have nourished his
impatience and misanthropy. He himself dramatically
attributes his change of thought to the news of his
mother's death and the pathetic letter in which his sister
Julie conveyed it: he felt a conviction of the errors
which had grieved his mother in her last days: 'j'ai pleuré
et j'ai cru.' It is probable, however, that, when the letter
arrived, he had already recanted those errors and that
the project of the *Génie du Christianisme*, which threw
the *Essai* into the shade, was already in his mind.
Portions of the work were read to his friends in London,
and, when he returned to France, it was as the champion
of a restored faith that he laid his services at the feet
of the first consul. The publication of the brilliant work
which exhibited the picturesque and emotional side of
Christianity in glowing colours coincided with the
ratification of the concordat. If Chateaubriand's support
of Bonaparte and the concordat brought upon him the
reproaches of the legitimists whom he left in England,
he could at least plead that he had been as much their
frank critic as their friend and that he owed little to
them.

While Chateaubriand reviewed his English experiences
from a poetic standpoint, adapting the setting to the
figure of his hero, there is much less purely lyric prose in
these two books than in the early divisions of *Mémoires
d'Outre-Tombe*. There is reason, however, for thinking

that no episode of his early life left so profound an impression upon his imagination as his meeting with Charlotte Ives at Bungay. On the limits of boyhood and manhood, he had discovered 'que d'aimer et d'être aimé d'une manière qui m'était inconnue devait être la félicité suprême[1].' Under the dominating influence of this thought he had pictured to himself an ideal combining all female traits which he had noticed. The pursuit of the *sylphide*, perpetually changing form and evading his grasp, became to the lonely boy a delirium ; and, although other interests diverted him from a concentration which was dangerous to his reason, the elusive vision never left him, embodying itself now in Mme de Beaumont, now in Mme de Duras, and more permanently in Mme Récamier. Married hastily in the interval between his journey to America and his emigration, he was bound to his wife by no over-mastering tie of affection. His susceptible heart was attracted by the freshness and beauty of the Suffolk clergyman's daughter, and, as he confesses, 'la chaste image de Charlotte, en faisant pénétrer au fond de mon âme quelques rayons d'une lumière vraie, dissipa d'abord une nuée de fantômes.' It is true that he indulged his sentimental ardour to dangerous lengths and that his conduct at the crisis was anything but heroic : it is a satisfaction to know that he did not break Charlotte's heart, and it would have been interesting to have her account of the renewal of their acquaintance in 1822 and of her subsequent visit to Paris, where Chateaubriand, engrossed, as he explains, in the prosecution of the Spanish war, appears to have been remiss in the interchange of *vous souvient-il* begun in London. The important point of the episode is that it exercised an impression upon him which stimulated his imagination during the most productive period of his life, and that the image of Charlotte retained a special clearness of outline among the memories which were the source of an abiding melancholy indistinguishable from pleasure.

[1] *M. d'O.-T.* I, 149.

Chateaubriand's account of the incident and its sequel reveals at once his power of writing, the magic style which gave him his ascendancy among his contemporaries, and his weaknesses of character. The vanity which construed Mrs Ives' enquiries as to his intentions into an offer of her daughter's hand, a piece of conduct of which, considering his poverty, even Mrs Bennet in *Pride and Prejudice* would hardly have been guilty, was his prevailing fault and is responsible for the errors of taste for which his greatness as a writer cannot wholly atone. Mingled with a pride that made it easier for him to grant favours than to receive them and a sensitiveness that found refuge in disdain for the associates with whom he had to work, it was responsible for the disappointments of his public career and for the insecurity of his tenure of office in the state. The brilliance and singularity of a genius which gave him his power as a political ally were neutralised by his intolerance of control. If the contrast which he so often invited between himself and Napoleon had a justification, it lay in the fact that each in his sphere 'would be all, or nothing.' The emergence of men in whom individual traits were marked to the extent of incompatibility with their fellows was characteristic of the generation of Chateaubriand. His early master, Rousseau, was the first to give literary expression to this temper, and, although he chose to repudiate Rousseau as 'un homme antipathique par ses mœurs à mes mœurs[1],' the habit of mind which he derived from Rousseau remained with him and the *Mémoires* constantly provoke comparison with the *Confessions* and *La Nouvelle Héloïse*.

Chateaubriand's inability to see anybody but himself, his wish to stand an unique figure, without parent or offspring, among the influences of his age, while it led him to treat Rousseau merely as a passing admiration of his youth, affected his survey of contemporary literature. His pique at Mme de Staël's neglect to take account of

[1] *M. d'O.-T.* II, 41.

him in a book published in 1800, before he had earned
his claim to be considered as a power in letters, is an
amusing instance of the fatuousness into which he could
be betrayed. On the other hand, the emphasis with
which he dwells, in a long passage added to his brief
remarks on English men of letters, upon the priority of
his own claim to that of Byron as the ' pilgrim of eternity,'
and his anxiety to indicate the decline of Byron's literary
renown, are signs of his inability to perceive the workings
of the spirit of an age which made both himself and
Byron possible without conscious imitation on either
side. Between Chateaubriand and Byron there are, it is
true, strong points of resemblance. In their discontent
with a world that has nothing but transient gratifications
to offer them, their moody preoccupation with the ghosts
of the past, their scorn of the petty interests of their
contemporaries, even in such details as their common
love of the sea and their applications of the career of
Napoleon to their own, they are surprisingly like one
another. Of the two, Byron exercised the wider influence: his attitude was more simple and consistent
than that of Chateaubriand, in whom the spirit of revolt
marched hand-in-hand with political conservatism and
religious orthodoxy. The destructive irony and satire
of *Don Juan*, revealing at intervals their undercurrent of
genuine emotion, are more easily understood than
Chateaubriand's condemnation of the vanity of all things
coupled with fidelity to a lost cause and confidence in
eternity. From the purely literary point of view, however, there can be no question which is the greater. We
may doubt Chateaubriand's taste in the handling of his
subject : of the enchantment of his style there cannot be
two opinions. If his portraits of his contemporaries are
coloured by prejudice and the desire to shine at the ex-
pense of their subjects, they are drawn with the art of a
master of telling phrase. The glow of his lyric passages,
transfusing language into a rainbow-coloured garment
through which the substance of his thought takes glim-

mering shape, is comparable only to the radiance with which Shelley invested English poetry. If his temperament was peculiarly subject to waves of passing emotion, their influence was expressed with a strength and accuracy which gave him the predominant place among French writers of his day. 'Une des splendeurs de ce siècle s'éteint,' wrote Victor Hugo, on the day after Chateaubriand's death[1]. George Sand, while passing a generally adverse criticism upon the *Mémoires d'Outre-Tombe*, confessed that, in spite of all that displeased her, she found in them at every point 'des beautés de forme grandes, simples, fraîches, de certaines pages qui sont du plus grand maître de ce siècle, et qu'aucun de nous, freluquets formés à son école, ne pourrions jamais écrire en faisant de notre mieux[2].' While, to turn to English criticism, Matthew Arnold, condemning 'the common English judgment, which stamps' Chateaubriand 'as a mere shallow rhetorician, all froth and vanity,' defined his special power as one that 'goes far beyond beauty of diction; it is a power, as well, of passion and sentiment, and this sort of power the English can perfectly well appreciate[3].'

[1] Victor Hugo, *Choses Vues*, XII.
[2] Sainte-Beuve, *Causeries du Lundi*, I, 449.
[3] Arnold, *Essays in Criticism*, 1st ser., pp. 276, 277.

MÉMOIRES D'OUTRE-TOMBE

PREMIÈRE PARTIE

LIVRE VIII

Il s'est formé à Londres une société pour venir au
secours des gens de lettres, tant anglais qu'étrangers[1].
Cette société m'a invité à sa réunion annuelle; je me suis
fait un devoir de m'y rendre et d'y porter ma souscription.
S. A. R. le duc d'York occupait le fauteuil du président;
à sa droite étaient le duc de Somerset, les lords Torrington
et Bolton; il m'a fait placer à sa gauche. J'ai rencontré
là mon ami M. Canning[2]. Le poète, l'orateur, le ministre
illustre a prononcé un discours où se trouve ce passage
trop honorable pour moi, que les journaux ont répété:
"Quoique la personne de mon noble ami, l'ambassadeur

---

1 The Royal literary fund, of which the eleventh duke of Somerset
(d. 1855) was president. He yielded the chair on this occasion to the duke
of York, the younger brother of George IV.

2 Canning had been nominated governor-general of India in March 1822:
he resigned in September, when he became foreign secretary and leader of
the House of Commons.

de France, soit encore peu connue ici, son caractère et ses
écrits sont bien connus de toute l'Europe. Il commença
sa carrière par exposer les principes du christianisme; il
l'a continuée en défendant ceux de la monarchie, et maintenant il vient d'arriver dans ce pays pour unir les deux
États par les liens communs des principes monarchiques
et des vertus chrétiennes[1]."

Il y a bien des années que M. Canning, homme de
lettres, s'instruisait à Londres aux leçons de la politique
de M. Pitt; il y a presque le même nombre d'années
que je commençai à écrire obscurément dans cette même
capitale de l'Angleterre[2]. Tous les deux, arrivés à une
haute fortune, nous voilà membres d'une société consacrée au soulagement des écrivains malheureux. Est-ce
l'affinité de nos grandeurs ou le rapport de nos souffrances qui nous a réunis ici? Que feraient au banquet
des Muses affligées le gouverneur des Indes orientales et
l'ambassadeur de France? C'est Georges Canning et
François de Chateaubriand qui s'y sont assis, en souvenir
de leur adversité et peut-être de leur félicité passées; ils
ont bu à la mémoire d'Homère, chantant ses vers pour
un morceau de pain.

Si le *Literary fund* eût existé lorsque j'arrivai de
Southampton à Londres, le 21 mai 1793, il aurait peut-
être payé la visite du médecin dans le grenier de Holborn,
où mon cousin de La Boüétardais, fils de mon oncle de
Bedée, me logea. On avait espéré merveille du change-
ment d'air pour me rendre les forces nécessaires à la vie
d'un soldat; mais ma santé, au lieu de se rétablir, déclina.
Ma poitrine s'entreprit; j'étais maigre et pâle, je toussais
fréquemment, je respirais avec peine; j'avais des sueurs
et des crachements de sang. Mes amis, aussi pauvres
que moi, me traînaient de médecin en médecin. Ces
Hippocrates faisaient attendre cette bande de gueux à
leur porte, puis me déclaraient, au prix d'une guinée,

1 It has recently been pointed out by Mr E. V. Lucas in *The Quarterly
Review* that Chateaubriand, in returning thanks, alluded to the assistance
which he himself had received from the fund in his days of poverty.
2 Canning was returned to parliament for Newport, I. W., in June 1793.

qu'il fallait prendre mon mal en patience, ajoutant : *'Tis done, dear sir* : " C'est fait, cher monsieur." Le docteur Godwin, célèbre par ses expériences relatives aux noyés et faites sur sa propre personne d'après ses ordonnances, fut plus généreux : il m'assista gratuitement de ses conseils ; mais il me dit, avec la dureté dont il usait pour lui-même, que je pourrais *durer* quelques mois, peut-être une ou deux années, pourvu que je renonçasse à toute fatigue. " Ne comptez pas sur une longue carrière" ; tel fut le résumé de ses consultations.

La certitude acquise ainsi de ma fin prochaine, en augmentant le deuil naturel de mon imagination, me donna un incroyable repos d'esprit. Cette disposition intérieure explique un passage de la notice placée à la tête de l'*Essai historique*, et cet autre passage de l'*Essai* même : "Attaqué d'une maladie qui me laisse peu d'espoir, je vois les objets d'un œil tranquille ; l'air calme de la tombe se fait sentir au voyageur qui n'en est plus qu'à quelques journées." L'amertume des réflexions répandues dans l'*Essai* n'étonnera donc pas : c'est sous le coup d'un arrêt de mort, entre la sentence et l'exécution, que j'ai composé cet ouvrage. Un écrivain qui croyait toucher au terme, dans le dénûment de son exil, ne pouvait guère promener des regards riants sur le monde.

Mais comment traverser le temps de grâce qui m'était accordé ? J'aurais pu vivre ou mourir promptement de mon épée : on m'en interdisait l'usage ; que me restait-il? une plume? elle n'était ni connue, ni éprouvée, et j'en ignorais la puissance. Le goût des lettres inné en moi, des poésies de mon enfance, des ébauches de mes voyages, suffiraient-ils pour attirer l'attention du public? L'idée d'écrire un ouvrage sur les Révolutions comparées m'était venue ; je m'en occupais dans ma tête comme d'un sujet plus approprié aux intérêts du jour ; mais qui se chargerait de l'impression d'un manuscrit sans prôneurs, et, pendant la composition de ce manuscrit, qui me nourrirait? Si je n'avais que peu de jours à passer sur la terre, force était néanmoins d'avoir quelque moyen de

soutenir ce peu de jours. Mes trente louis, déjà fort
écornés, ne pouvaient aller bien loin, et, en surcroît de
mes afflictions particulières, il me fallait supporter la
détresse commune de l'émigration. Mes compagnons à
Londres avaient tous des occupations : les uns s'étaient
mis dans le commerce du charbon, les autres faisaient
avec leurs femmes des chapeaux de paille, les autres
enseignaient le français qu'ils ne savaient pas. Ils étaient
tous très gais. Le défaut de notre nation, la légèreté,
s'était dans ce moment changé en vertu. On riait au
nez de la fortune ; cette voleuse était toute penaude
d'emporter ce qu'on ne lui redemandait pas.

Peltier[1], auteur du *Domine salvum fac regem* et
principal rédacteur des *Actes des Apôtres*, continuait à
Londres son entreprise de Paris. Il n'avait pas précisé-
ment de vices ; mais il était rongé d'une vermine de
petits défauts dont on ne pouvait l'épurer : libertin, mauvais sujet, gagnant beaucoup d'argent et le mangeant de
même, à la fois serviteur de la légitimité et ambassadeur
du roi nègre Christophe[2] auprès de George III, cor-
respondant diplomatique de M. le comte de *Limonade*[3],
et buvant en vin de Champagne les appointements qu'on
lui payait en sucre. Cette espèce de M. Violet, jouant
les grands airs de la Révolution sur un violon de poche,
me vint voir et m'offrit ses services en qualité de Breton.

1 Jean-Gabriel Peltier (1765–1825), a native of Gonnor (Maine-et-Loire),
on the confines of Britanny and Anjou, published his pamphlet *Domine
salvum fac regem*, directed against the duc d'Orléans and Mirabeau, in
October 1789. The *Actes des Apôtres*, a satiric periodical in which the
chevalier Louis de Champcenetz and the younger Mirabeau collaborated with
Peltier, appeared from Nov. 1789 to Oct. 1791. Peltier emigrated to England
in 1792 and there edited two French newspapers, *Paris* (1795–1802) and
l'Ambigu (1802–17). A faithful legitimist, he condemned Chateaubriand's
defection to imperialism, and the *Génie du Christianisme* was hostilely
criticised in *l'Ambigu*.
2 The negro Christophe, president of the northern part of Hayti 1804,
was crowned king under the name of Henri in 1811 : he committed suicide
in 1820.
3 Christophe conferred absurd titles, taken from Haytian plantations, upon
his followers and agents, *e.g.*, duc de la Marmalade, comte de Limonade, etc

Je lui parlai de mon plan de l'*Essai*; il l'approuva fort :
"Ce sera superbe!" s'écria-t-il, et il me proposa une
chambre chez son imprimeur Baylis[1], lequel imprimerait
l'ouvrage au fur et à mesure de la composition. Le
libraire Deboffe[2] aurait la vente ; lui, Peltier, embou-
cherait la trompette dans son journal *l'Ambigu*, tandis
qu'on pourrait s'introduire dans *le Courrier français*
de Londres, dont la rédaction passa bientôt à M. de
Montlosier[3]. Peltier ne doutait de rien : il parlait de me
faire donner la croix de Saint-Louis pour mon siège de
Thionville. Mon Gil Blas[4], grand, maigre, escalabreux,
les cheveux poudrés, le front chauve, toujours criant et
rigolant, met son chapeau rond sur l'oreille, me prend
par le bras et me conduit chez l'imprimeur Baylis, où il
me loue sans façon une chambre, au prix d'une guinée
par mois.

J'étais en face de mon avenir doré ; mais le présent,
sur quelle planche le traverser ? Peltier me procura des
traductions du latin et de l'anglais ; je travaillais le jour
à ces traductions, la nuit à l'*Essai historique* dans lequel
je faisais entrer une partie de mes voyages et de mes
rêveries. Baylis me fournissait les livres, et j'employais
mal à propos quelques schellings à l'achat des bouquins
étalés sur les échoppes.

Hingant[5], que j'avais rencontré sur le paquebot de
Jersey, s'était lié avec moi. Il cultivait les lettres, il était
savant, écrivait en secret des romans dont il me lisait
des pages. Il se logea, assez après de Baylis, au fond
d'une rue qui donnait dans Holborn. Tous les matins, à
dix heures, je déjeunais avec lui ; nous parlions de
politique et surtout de mes travaux. Je lui disais ce que

1 At 15, Greville street, Bloomsbury.   2 In Gerard street, Soho.
3 François-Dominique Reynaud, comte de Montlosier (1755–1838), came
to England in 1794. M. Biré points out that the actual title of his paper
was the *Courrier de Londres*.
4 The hero of Lesage's *Gil Blas de Santillane* (1715–35), a type of persons
who live by their wits.
5 François-Marie-Anne-Joseph Hingant de la Tiemblais (1761–1827),
'ancien collègue de mon frère au parlement de Bretagne, homme d'esprit et
de goût dont j'aurai trop à parler' (*M. d'O.-T.* II, 105).

j'avais bâti de mon édifice de nuit, l'*Essai*; puis je retournais à mon œuvre de jour, les traductions. Nous nous réunissions pour dîner, à un schelling par tête, dans un estaminet; de là, nous allions aux champs. Souvent aussi nous nous promenions seuls, car nous aimions tous deux à rêvasser.

Je dirigeais alors ma course à Kensington ou à Westminster. Kensington me plaisait; j'errais dans sa partie solitaire, tandis que la partie qui touchait à Hyde-Park se couvrait d'une multitude brillante. Le contraste de mon indigence et de la richesse, de mon délaissement et de la foule, m'était agréable. Je voyais passer de loin les jeunes Anglaises avec cette confusion désireuse que me faisait éprouver autrefois ma sylphide, lorsque après l'avoir parée de toutes mes folies, j'osais à peine lever les yeux sur mon ouvrage[1]. La mort, à laquelle je croyais toucher, ajoutait un mystère à cette vision d'un monde dont j'étais presque sorti. S'est-il jamais attaché un regard sur l'étranger assis au pied d'un pin? Quelque belle femme avait-elle deviné l'invisible présence de René?

A Westminster, autre passe-temps: dans ce labyrinthe de tombeaux, je pensais au mien prêt à s'ouvrir. Le buste d'un homme inconnu comme moi ne prendrait jamais place au milieu de ces illustres effigies! Puis se montraient les sépulcres des monarques: Cromwel n'y était plus, et Charles Ier n'y était pas. Les cendres d'un traître, Robert d'Artois[2], reposaient sous les dalles que je pressais de mes pas fidèles. La destinée de Charles Ier venait de s'étendre sur Louis XVI; chaque jour le fer moissonnait en France, et les fosses de mes parents étaient déjà creusées.

Les chants des maîtres de chapelle et les causeries des étrangers interrompaient mes réflexions. Je ne pouvais multiplier mes visites, car j'étais obligé de donner aux

1 See introduction, p. xxi, and *M. d'O.-T.* I, 150 sqq.
2 Robert III (1287–1343), comte d'Artois, whose claim to the county was one of the contributory causes of the Hundred years' war, died in England of a wound received at the siege of Vannes. There is no authority for his burial in Westminster abbey.

gardiens de ceux qui ne vivaient plus le schelling qui m'était nécessaire pour vivre. Mais alors je tournoyais au dehors de l'abbaye avec les corneilles, ou je m'arrêtais à considérer les clochers, jumeaux de grandeur inégale, que le soleil couchant ensanglantait de ses feux sur la tenture noire des fumées de la Cité.

Une fois, cependant, il arriva qu'ayant voulu contempler au jour tombé l'intérieur de la basilique, je m'oubliai dans l'admiration de cette architecture pleine de fougue et de caprice. Dominé par le sentiment de la *vastité sombre des églises chrestiennes* (Montaigne)[1], j'errais à pas lents et je m'anuitai: on ferma les portes. J'essayai de trouver une issue ; j'appelai l'*usher*, je heurtai aux *gates* : tout ce bruit, épandu et délayé dans le silence, se perdit ; il fallut me résigner à coucher avec les défunts.

Après avoir hésité dans le choix de mon gîte, je m'arrêtai près du mausolée de lord Chatam, au bas du jubé et du double étage de la chapelle des Chevaliers et de Henri VII. A l'entrée de ces escaliers, de ces ailes fermées de grilles, un sarcophage engagé dans le mur, vis-à-vis d'une mort de marbre armée de sa faux, m'offrit son abri[2]. Le pli d'un linceul, également de marbre, me servit de niche ; à l'exemple de Charles-Quint, je m'habituais à mon enterrement[3].

J'étais aux premières loges pour voir le monde tel qu'il est. Quel amas de grandeurs renfermé sous ces dômes ! Qu'en reste-t-il ? Les afflictions ne sont pas moins vaines que les félicités ; l'infortunée Jane Grey n'est pas différente de l'heureuse Alix de Salisbury[4] ;

1 Montaigne, *Essais* II, xii: ' Il n'est...ame si revesche, qui ne se sente touchee de quelque reverence à considerer cette vastité sombre de nos eglises,' etc.

2 The monument referred to is that of lady Elizabeth Nightingale (d. 1731), a famous but theatrical work of Roubiliac, in St Michael's chapel, on the east side of the north transept. Chateaubriand's topography of the abbey is somewhat vague.

3 Charles V, in his retirement at Yuste, is said to have had his funeral rites rehearsed before his death and to have worn his shroud in his coffin.

4 The countess of Salisbury, legendarily responsible for the foundation of the order of the Garter.

son squelette est seulement moins horrible, parce qu'il est sans tête ; sa carcasse s'embellit de son supplice et de l'absence de ce qui fit sa beauté. Les tournois du vainqueur de Crécy, les jeux du camp du Drap-d'or de Henri VIII, ne recommenceront pas dans cette salle des spectacles funèbres. Bacon, Newton, Milton, sont aussi profondément ensevelis, aussi passés à jamais que leurs plus obscurs contemporains. Moi banni, vagabond, pauvre, consentirais-je à n'être plus la petite chose oubliée et douloureuse que je suis, pour avoir été un de ces morts fameux, puissants, rassasiés de plaisirs ? Oh ! la vie n'est pas tout cela ! Si du rivage de ce monde nous ne découvrons pas distinctement les choses divines, ne nous en étonnons pas : le temps est un voile interposé entre nous et Dieu, comme notre paupière entre notre œil et la lumière.

Tapi sous mon linge de marbre, je redescendis de ces hauts pensers aux impressions naïves du lieu et du moment. Mon anxiété mêlée de plaisir était analogue à celle que j'éprouvais l'hiver dans ma tourelle de Combourg, lorsque j'écoutais le vent[1] : un souffle et une ombre sont de nature pareille.

Peu à peu, m'accoutumant à l'obscurité, j'entrevis les figures placées aux tombeaux. Je regardais les encorbellements du Saint-Denis d'Angleterre, d'où l'on eût dit que descendaient en lampadaires gothiques les événements passés et les années qui furent : l'édifice entier était comme un temple monolithe de siècles pétrifiés.

J'avais compté dix heures, onze heures à l'horloge ; le marteau qui se soulevait et retombait sur l'airain était le seul être vivant avec moi dans ces régions. Au dehors une voiture roulante, le cri du *watchman*, voilà tout : ces bruits lointains de la terre me parvenaient d'un monde dans un autre monde. Le brouillard de la Tamise et la fumée du charbon de terre s'infiltrèrent dans la basilique, et y répandirent de secondes ténèbres.

Enfin, un crépuscule s'épanouit dans un coin des ombres

1 See *M. d'O.-T.* I, 137.

les plus éteintes: je regardais fixement croître la lumière progressive; émanait-elle des deux fils d'Édouard IV, assassinés par leur oncle? "Ces aimables enfants, dit le grand tragique, étaient couchés ensemble; ils se tenaient entourés de leurs bras innocents et blancs comme l'albâtre. Leurs lèvres semblaient quatre roses vermeilles sur une seule tige, qui, dans tout l'éclat de leur beauté, se baisent l'une l'autre[1]." Dieu ne m'envoya pas ces âmes tristes et charmantes; mais le léger fantôme d'une femme à peine adolescente parut portant une lumière abritée dans une feuille de papier tournée en coquille: c'était la petite sonneuse de cloches. J'entendis le bruit d'un baiser, et la cloche tinta le point du jour. La sonneuse fut tout épouvantée lorsque je sortis avec elle par la porte du cloître. Je lui contai mon aventure; elle me dit qu'elle était venue remplir les fonctions de son père malade: nous ne parlâmes pas du baiser.

J'amusai Hingant de mon aventure, et nous fîmes le projet de nous enfermer à Westminster; mais nos misères nous appelaient chez les morts d'une manière moins poétique.

Mes fonds s'épuisaient: Baylis et Deboffe s'étaient hasardés, moyennant un billet de remboursement en cas de non-vente, à commencer l'impression de l'*Essai*; là finissait leur générosité, et rien n'était plus naturel; je m'étonne même de leur hardiesse. Les traductions ne venaient plus; Peltier, homme de plaisir, s'ennuyait d'une obligeance prolongée. Il m'aurait bien donné ce qu'il avait, s'il n'eût préféré le manger; mais quêter des travaux çà et là, faire une bonne œuvre de patience, impossible à lui. Hingant voyait aussi s'amoindrir son trésor; entre nous deux, nous ne possédions que soixante francs. Nous diminuâmes la ration de vivres, comme sur un vaisseau lorsque la traversée se prolonge. Au lieu

---

1 Shakespeare, *Richard III* IV, iii, 10–13. The remains of Edward V and his brother, removed after their discovery in the Tower temp. Charles II, were buried in the north aisle of Henry VII's chapel.

d'un schelling par tête, nous ne dépensions plus à dîner qu'un demi-schelling. Le matin, à notre thé, nous re-tranchâmes la moitié du pain, et nous supprimâmes la beurre. Ces abstinences fatiguaient les nerfs de mon ami. Son esprit battait la campagne; il prêtait l'oreille, et avait l'air d'écouter quelqu'un; en réponse, il éclatait de rire, ou versait des larmes. Hingant croyait au magné-tisme, et s'était troublé la cervelle du galimatias de Swedenborg[1]. Il me disait le matin qu'on lui avait fait du bruit la nuit; il se fâchait si je lui niais ses imagina-tions. L'inquiétude qu'il me causait m'empêchait de sentir mes souffrances.

Elles étaient grandes pourtant : cette diète rigoureuse, jointe au travail, échauffait ma poitrine malade ; je com-mençais à avoir de la peine à marcher, et néanmoins je passais les jours et une partie des nuits dehors, afin qu'on ne s'aperçut pas de ma détresse. Arrivés à notre dernier schelling, je convins avec mon ami de le garder pour faire semblant de déjeuner.

Nous arrangeâmes que nous achèterions un pain de deux sous ; que nous nous laisserions servir comme de coutume l'eau chaude et la théière ; que nous n'y met-trions point de thé ; que nous ne mangerions pas le pain, mais que nous boirions l'eau chaude avec quelques petites miettes de sucre restées au fond du sucrier.

Cinq jours s'écoulèrent de la sorte. La faim me dé-vorait ; j'étais brûlant ; le sommeil m'avait fui ; je suçais des morceaux de linge que je trempais dans de l'eau ; je mâchais de l'herbe et du papier. Quand je passais devant des boutiques de boulangers, mon tourment était horrible. Par une rude soirée d'hiver, je restai deux heures planté devant un magasin de fruits secs et de viandes fumées, avalant des yeux tout ce que je voyais : j'aurais mangé, non seulement les comestibles, mais leurs boîtes, paniers et corbeilles.

---

1 Emanuel Swedenborg (1688–1772), Swedish mystic and founder of the New Jerusalem sect.

Le matin du cinquième jour, tombant d'inanition, je
me traîne chez Hingant; je heurte à la porte, elle était
fermée; j'appelle; Hingant est quelque temps sans
répondre; il se lève enfin et m'ouvre. Il riait d'un air
égaré; sa redingote était boutonnée; il s'assit devant la
table à thé : "Notre déjeuner va venir," me dit-il d'une
voix extraordinaire. Je crus voir quelques taches de sang
à sa chemise; je déboutonne brusquement sa redingote :
il s'était donné un coup de canif profond de deux pouces
dans le bout du sein gauche. Je criai au secours. La
servante alla chercher un chirurgien. La blessure était
dangereuse.

Ce nouveau malheur m'obligea de prendre un parti.
Hingant, conseiller au parlement de Bretagne, s'était
refusé à recevoir le traitement que le gouvernement
anglais accordait aux magistrats français, de même que
je n'avais pas voulu accepter le schelling aumôné par
jour aux émigrés : j'écrivis à M. de Barentin[1] et lui
révélai la situation de mon ami. Les parents de Hingant
accoururent et l'emmenèrent à la campagne. Dans ce
moment même, mon oncle de Bedée me fit parvenir
quarante écus, oblation touchante de ma famille persé-
cutée; il me sembla voir tout l'or du Pérou : le denier
des prisonniers de France nourrit le Français exilé.

Ma misère avait mis obstacle à mon travail. Comme
je ne fournissais plus de manuscrit, l'impression fut
suspendue. Privé de la compagnie de Hingant, je ne
gardai pas chez Baylis un logement d'une guinée par
mois; je payai le terme échu et m'en allai. Au-dessous
des émigrés indigents qui m'avaient d'abord servi de
patrons à Londres, il y en avait d'autres, plus nécessiteux
encore. Il est des degrés entre les pauvres comme entre
les riches; on peut aller depuis l'homme qui se couvre
l'hiver avec son chien, jusqu'à celui qui grelotte dans ses
haillons tailladés. Mes amis me trouvèrent une chambre

---

1 Barentin, as *garde des sceaux*, opened the states-general in 1789. He
opposed Necker's financial reforms and was one of the earliest *émigrés*.

mieux appropriée à ma fortune décroissante (on n'est pas toujours au comble de la prospérité); ils m'installèrent aux environs de Mary-Le-Bone-Street, dans un *garret* dont la lucarne donnait sur un cimetière : chaque nuit la crécelle du *watchman* m'annonçait que l'on venait de voler des cadavres. J'eus la consolation d'apprendre que Hingant était hors de danger.

Des camarades me visitaient dans mon atelier. A notre indépendance et à notre pauvreté, on nous eût pris pour des peintres sur les ruines de Rome ; nous étions des artistes en misère sur les ruines de la France. Ma figure servait de modèle et mon lit de siège à mes élèves. Ce lit consistait dans un matelas et une couverture. Je n'avais point de draps ; quand il faisait froid, mon habit et une chaise, ajoutés à ma couverture, me tenaient chaud. Trop faible pour remuer ma couche, elle restait comme Dieu me l'avait retournée.

Mon cousin de La Boüétardais, chassé, faute de payement, d'un taudis irlandais, quoiqu'il eût mis son violon en gage, vint chercher chez moi un abri contre le constable ; un vicaire bas breton lui prêta un lit de sangle. La Boüétardais était, ainsi que Hingant, conseiller au parlement de Bretagne ; il ne possédait pas un mouchoir pour s'envelopper la tête ; mais il avait déserté avec armes et bagages, c'est-à-dire qu'il avait emporté son bonnet carré et sa robe rouge[1], et il couchait *sous* la pourpre à mes côtés. Facétieux, bon musicien, ayant la voix belle, quand nous ne dormions pas, il s'asseyait tout nu sur ses sangles, mettait son bonnet carré, et chantait des romances en s'accompagnant d'une guitare qui n'avait que trois cordes. Une nuit que le pauvre garçon fredonnait ainsi l'*Hymne à Vénus* de Métastase: *Scendi propizia*[2], il fut frappé d'un vent coulis ; la bouche lui tourna, et il

1 *I.e.* his costume as a barrister. The French *parlements* were the supreme courts of law in Paris and the provincial capitals.

2 Pietro Bonaventura Metastasio, lyric dramatist, born at Rome 1698, died at Vienna 1782. The lyric in question is founded upon the invocation at the beginning of Lucretius, *De Rerum natura*.

en mourut, mais pas tout de suite, car je lui frottai cordialement la joue. Nous tenions des conseils dans notre chambre haute, nous raisonnions sur la politique, nous nous occupions des cancans de l'émigration. Le soir, nous allions chez nos tantes et cousines danser, après les modes enrubanées et les chapeaux faits.

Ceux qui lisent cette partie de mes *Mémoires* ne se sont pas aperçus que je les ai interrompus deux fois : une fois, pour offrir un grand dîner au duc d'York, frère du roi d'Angleterre ; une autre fois, pour donner une fête pour l'anniversaire de la rentrée du roi de France à Paris, le 8 juillet[1]. Cette fête m'a coûté quarante mille francs. Les pairs et les pairesses de l'empire britannique, les ambassadeurs, les étrangers de distinction, ont rempli mes salons magnifiquement décorés. Mes tables étincelaient de l'éclat des cristaux de Londres et de l'or des porcelaines de Sèvres. Ce qu'il y a de plus délicat en mets, vins et fleurs, abondait. Portland-Place était encombré de brillantes voitures. Collinet et la musique d'Almack's[2] enchantaient la mélancolie fashionable des dandys et les élégances rêveuses des ladies pensivement dansantes. L'opposition et la majorité ministérielles avait fait trêve : lady Canning causait avec lord Londonderry, lady Jersey avec le duc de Wellington[3]. Monsieur[4], qui m'a fait faire cette année des compliments de mes somp-

1 Louis XVIII returned to the Tuileries on 8 July 1815.

2 Collinet was the director of the assembly-rooms in King street, St James', founded by William Almack (d. 1781). Cf. *M. d'O.-T.* IV, 245: 'c'était Almack's dirigé par Colinet qui faisait mes délices.'

3 'Lady' should be 'Mrs' Canning: her husband had severed himself from his party in 1821 upon the question of queen Caroline. Lord Londonderry, better known as lord Castlereagh, had succeeded as second marquess in 1821: he committed suicide 9 Aug. 1822, a month after the date of this entertainment. See *M. d'O.-T.* IV, 269 sqq., and for Chateaubriand's personal impressions of him, *ibid.* IV, 258. Sarah, daughter and heiress of the banker Robert Child and wife of the fifth earl of Jersey, was celebrated as a whig hostess: she is the 'Zenobia' of Disraeli's *Endymion*.

4 The comte d'Artois, afterwards Charles X. Monsieur, the style given to the king of France's next brother, was first applied to Gaston, duc d'Orléans, brother of Louis XIII.

tuosités de 1822, ne savait pas, en 1793, qu'il existait
non loin de lui un futur ministre, lequel, en attendant
ses grandeurs, jeûnait au-dessus d'un cimetière pour
péché de fidélité. Je me félicite aujourd'hui d'avoir
essayé du naufrage, entrevu la guerre, partagé les souffrances des classes les plus humbles de la société, comme
je m'applaudis d'avoir rencontré, dans les temps de
prospérité, l'injustice et la calomnie. J'ai profité à ces
leçons: la vie, sans les maux qui la rendent grave, est un
hochet d'enfant.

J'étais l'homme aux quarante écus; mais le niveau des
fortunes n'étant pas encore établi, et les denrées n'ayant
pas baissé de valeur, rien ne fit contre-poids à ma bourse
qui se vida. Je ne devais pas compter sur de nouveaux
secours de ma famille, exposée en Bretagne au double
fléau de la *chouannerie*[1] et de la Terreur. Je ne voyais
plus devant moi que l'hôpital ou la Tamise.

Des domestiques d'émigrés, que leurs maîtres ne pouvaient plus nourrir, s'étaient transformés en restaurateurs
pour nourrir leurs maîtres. Dieu sait la chère-lie que l'on
faisait à ces tables d'hôtes! Dieu sait aussi la politique
qu'on y entendait! Toutes les victoires de la République
étaient métamorphosées en défaites, et si par hasard on
doutait d'une restauration immédiate, on était déclaré
Jacobin. Deux vieux évêques, qui avaient un faux air
de la mort, se promenaient au printemps dans le parc
Saint-James: "Monseigneur, disait l'un, croyez-vous que
nous soyons en France au mois de juin?—Mais, monseigneur, répondait l'autre après avoir mûrement réfléchi,
je n'y vois pas d'inconvénient."

L'homme aux ressources, Peltier, me déterra, ou plutôt
me dénicha dans mon aire. Il avait lu dans un journal
de Yarmouth qu'une société d'antiquaires s'allait occuper
d'une histoire du comté de Suffolk, et qu'on demandait
un Français capable de déchiffrer des manuscrits français

---

1 The royalist insurgents of western France were called *chouans* from
their adoption of the cry of the screech-owl (*chat-huant*) as their rallying
note.

du XIIᵉ siècle, de la collection de Camden[1]. Le *parson*, ou ministre, de Beccles, était à la tête de l'entreprise, c'était à lui qu'il se fallait adresser. "Voilà votre affaire, me dit Peltier, partez, vous déchiffrerez ces vieilles paperasses; vous continuerez à envoyer de la copie de l'*Essai* à Baylis; je forcerai ce pleutre à reprendre son impression; vous reviendrez à Londres avec deux cents guinées, votre ouvrage fait, et vogue la galère!"

Je voulus balbutier quelques objections: "Eh! que diable, s'écria mon homme, comptez-vous rester dans ce *palais* où j'ai déjà un froid horrible? Si Rivarol, Champcenetz, Mirabeau-Tonneau[2] et moi avions eu la bouche en cœur, nous aurions fait de belle besogne dans les *Actes des Apôtres*! Savez-vous que cette histoire de Hingant fait un boucan d'enfer? Vous vouliez donc vous laisser mourir de faim tous deux? Ah! ah! ah! pouf!... Ah! ah!..." Peltier, plié en deux, se tenait les genoux à force de rire. Il venait de placer cent exemplaires de son journal aux colonies; il en avait reçu le payement et faisait sonner ses guinées dans sa poche. Il m'emmena de force, avec La Boüétardais apoplectique, et deux émigrés en guenilles qui se trouvèrent sous sa main, dîner à *London-Tavern*[3]. Il nous fit boire du vin de Porto, manger du roastbeef et du plumpudding à en crever. "Comment, monsieur le comte, disait-il à mon cousin, avez-vous ainsi la gueule de travers?" La Boüétardais, moitié choqué, moitié content, expliquait la chose de son mieux; il racontait qu'il avait été tout à coup saisi en chantant ces deux mots: *O bella Venere!* Mon pauvre paralysé avait un air si mort, si transi, si râpé, en barbouillant sa *bella Venere*, que Peltier se renversa d'un fou rire et pensa culbuter la table, en la frappant en dessous de ses deux pieds.

A la réflexion, le conseil de mon compatriote, vrai

1 William Camden (1551–1623), the famous antiquary. See introduction.
2 See note 1 on p. 4 above. Antoine de Rivarol was still alive at Brussels; Champcenetz had been guillotined in 1794; and the younger Mirabeau died at Freiburg-im-Breisgau in 1792.
3 Probably a restaurant in Bishopsgate street.

personnage de mon autre compatriote Le Sage[1], ne me parut pas si mauvais. Au bout de trois jours d'enquêtes, après m'être fait habiller par le tailleur de Peltier, je partis pour Beccles avec quelque argent que me prêta Deboffe, sur l'assurance de ma reprise de l'*Essai*. Je changeai mon nom, qu'aucun Anglais ne pouvait prononcer, en celui de *Combourg* qu'avait porté mon frère et qui me rappelait les peines et les plaisirs de ma première jeunesse. Descendu à l'auberge, je présentai au ministre du lieu une lettre de Deboffe, fort estimé dans la librairie anglaise, laquelle lettre me recommandait comme un savant du premier ordre. Parfaitement accueilli, je vis tous les *gentlemen* du canton, et je rencontrai deux officiers de notre marine royale qui donnaient des leçons de français dans le voisinage.

Je repris des forces ; les courses que je faisais à cheval me rendirent un peu de santé. L'Angleterre, vue ainsi en détail, était triste, mais charmante ; partout la même chose et le même aspect. M. de Combourg était invité à toutes les parties. Je dus à l'étude le premier adoucissement de mon sort. Cicéron avait raison de recommander le commerce des lettres dans les chagrins de la vie. Les femmes étaient charmées de rencontrer un Français pour parler français.

Les malheurs de ma famille, que j'appris par les journaux, et qui me firent connaître sous mon véritable nom (car je ne pus cacher ma douleur), augmentèrent à mon égard l'intérêt de la société[2]. Les feuilles publiques annoncèrent la mort de M. de Malesherbes ; celle de sa fille, madame la présidente de Rosanbo ; celle de sa petite-fille, madame la comtesse de Chateaubriand ; et celle de son petit-gendre, le comte de Chateaubriand, mon frère, immolés ensemble, le même jour, à la même heure, au même échafaud. M. de Malesherbes était

---

1 Cf. 'mon Gil Blas,' p. 5 above. Lesage was born at Sarzeau (Morbihan).
2 For Chateaubriand's relations, see genealogical table, p. 96 below.

l'objet de l'admiration et de la vénération des Anglais ; mon alliance de famille avec le défenseur de Louis XVI ajouta à la bienveillance de mes hôtes.

Mon oncle de Bedée me manda les persécutions éprouvées par le reste de mes parents. Ma vieille et incomparable mère avait été jetée dans une charrette avec d'autres victimes, et conduite du fond de la Bretagne dans les geôles de Paris, afin de partager le sort du fils qu'elle avait tant aimé. Ma femme et ma sœur Lucile, dans les cachots de Rennes, attendaient leur sentence ; il avait été question de les enfermer au château de Combourg, devenu forteresse d'État : on accusait leur innocence du crime de mon émigration. Qu'étaient-ce que nos chagrins en terre étrangère, comparés à ceux des Français demeurés dans leur patrie ? Et pourtant, quel malheur, au milieu des souffrances de l'exil, de savoir que notre exil même devenait le prétexte de la persécution de nos proches !

Il y a deux ans que l'anneau de mariage de ma belle-sœur fut ramassé dans le ruisseau de la rue Cassette ; on me l'apporta ; il était brisé ; les deux cerceaux de l'alliance étaient ouverts et pendaient enlacés l'un à l'autre ; les noms s'y lisaient parfaitement gravés. Comment cette bague s'était-elle retrouvée ? Dans quel lieu et quand avait-elle été perdue ? La victime, emprisonnée au Luxembourg, avait-elle passé par la rue Cassette en allant au supplice ? Avait-elle laissé tomber la bague du haut du tombereau ? Cette bague avait-elle été arrachée de son doigt après l'exécution ? Je fus tout saisi à la vue de ce symbole qui, par sa brisure et son inscription, me rappelait de si cruelles destinées. Quelque chose de mystérieux et de fatal s'attachait à cet anneau que ma belle-sœur semblait m'envoyer du séjour des morts, en mémoire d'elle et de mon frère. Je l'ai remis à son fils ; puisse-t-il ne pas lui porter malheur !

> Cher orphelin, image de ta mère,
> Au ciel pour toi, je demande ici-bas,

> Les jours heureux retranchés à ton père,
> Et les enfants que ton oncle n'a pas[1].

Ce mauvais couplet et deux ou trois autres sont le seul présent que j'aie pu faire à mon neveu lorsqu'il s'est marié.

Un autre monument m'est resté de ces malheurs : voici ce que m'écrit M. de Contencin, qui, en fouillant dans les archives de la ville, a trouvé l'ordre du tribunal révolutionnaire qui envoyait mon frère et sa famille à l'échafaud :

"Monsieur le vicomte,

"Il y a une sorte de cruauté à réveiller dans une âme qui a beaucoup souffert le souvenir des maux qui l'ont affectée le plus douloureusement. Cette pensée m'a fait hésiter quelque temps à vous offrir un bien triste document qui, dans mes recherches historiques, m'est tombé sous la main. C'est un acte de décès signé avant la mort par un homme qui s'est toujours montré implacable comme elle, toutes les fois qu'il a trouvé réunies sur la même tête l'illustration et la vertu[2].

"Je désire, monsieur le vicomte, que vous ne me sachiez pas trop mauvais gré d'ajouter à vos archives de famille un titre qui rappelle de si cruels souvenirs. J'ai supposé qu'il aurait de l'intérêt pour vous, puisqu'il avait du prix à mes yeux, et dès lors j'ai songé à vous l'offrir. Si je ne suis point indiscret, je m'en féliciterai doublement, car je trouve aujourd'hui dans ma démarche l'occasion de vous exprimer les sentiments de profond respect et d'admiration sincère que vous m'avez inspirés depuis longtemps, et avec lesquels je suis, monsieur le vicomte,

"Votre très-humble et très-obéissant serviteur,

"A. DE CONTENCIN."

Hôtel de la préfecture de la Seine.

Paris, le 28 mars 1835.

1 A stanza from a poem written by Chateaubriand on the occasion of his nephew's marriage in 1812.

2 Antoine-Quentin Fouquier-Tinville, public prosecutor, guillotined August 1794.

Voici ma réponse à cette lettre :

" J'avais fait, monsieur, chercher à la Sainte-Chapelle les pièces du procès de mon malheureux frère et de sa femme, mais on n'avait pas trouvé *l'ordre* que vous avez bien voulu m'envoyer. Cet ordre et tant d'autres, avec leurs ratures, leurs noms estropiés, auront été présentés à Fouquier au tribunal de Dieu : il lui aura bien fallu reconnaître sa signature. Voilà les temps qu'on regrette, et sur lesquels on écrit des volumes d'admiration ! Au surplus, j'envie mon frère : depuis longues années du moins il a quitté ce triste monde. Je vous remercie infiniment, monsieur, de l'estime que vous voulez bien me témoigner dans votre belle et noble lettre, et vous prie d'agréer l'assurance de la considération très distinguée avec laquelle j'ai l'honneur d'être, etc."

Cet ordre de mort est surtout remarquable par les preuves de la légèreté avec laquelle les meurtres étaient commis : des noms sont mal orthographiés, d'autres sont effacés. Ces défauts de forme, qui auraient suffi pour annuler la plus simple sentence, n'arrêtaient point les bourreaux ; ils ne tenaient qu'à l'heure exacte de la mort : *à cinq heures précises.* Voici la pièce authentique, je la copie fidèlement :

EXÉCUTEUR DES JUGEMENTS CRIMINELS

TRIBUNAL RÉVOLUTIONNAIRE

" L'exécuteur des jugements criminels ne fera faute de se rendre à la maison de justice de la Conciergerie, pour y mettre à exécution le jugement qui condamne Mousset, d'Esprémenil, Chapelier, Thouret, Hell, Lamoignon Malsherbes, la femme Lepelletier Rosambo, Chateau Brian et sa femme (le nom propre effacé, illisible), la veuve Duchatelet, la femme de Grammont, ci-devant duc, la femme Rochechuart (Rochechouart), et Parmentier ;—14, à la peine de mort. L'exécution aura lieu

aujourd'hui, à cinq heures précises, sur la place de la
Révolution de cette ville.

                    " L'accusateur public,
                        " A.-Q. Fouquier."

Fait au Tribunal, le 3 floréal, l'an II de la République française[1].

Deux voitures.

Le 9 thermidor[2] sauva les jours de ma mère ; mais elle
fut oubliée à la Conciergerie. Le commissaire conven-
tionnel la trouva : " Que fais-tu là, citoyenne ? lui dit-il ;
qui es-tu ? pourquoi restes-tu ici ? " Ma mère répondit
qu'ayant perdu son fils, elle ne s'informait point de ce
qui se passait, et qu'il lui était indifférent de mourir dans
la prison ou ailleurs. " Mais tu as peut-être d'autres
enfants ? " répliqua le commissaire. Ma mère nomma ma
femme et mes sœurs détenues à Rennes. L'ordre fut
expédié de mettre celles-ci en liberté, et l'on contraignit
ma mère de sortir.

Dans les histoires de la Révolution, on a oublié de
placer le tableau de la France extérieure auprès du tableau
de la France intérieure, de peindre cette grande colonie
d'exilés, variant son industrie et ses peines de la diversité
des climats et de la différence des mœurs des peuples.

En dehors de la France, tout s'opérant par individu,
métamorphoses d'états, afflictions obscures, sacrifices sans
bruit, sans récompense ; et dans cette variété d'individus
de tout rang, de tout âge, de tout sexe, une idée fixe
conservée ; la vieille France voyageuse avec ses préjugés
et ses fidèles, comme autrefois l'Église de Dieu errante
sur la terre avec ses vertus et ses martyrs.

En dedans de la France, tout s'opérant par masse :
Barère[3] annonçant des meurtres et des conquêtes, des
guerres civiles et des guerres étrangères ; les combats

---

1 22 April 1794.

2 27 July 1794, the date of the fall of Robespierre and the end of the
Terror.

3 Bertrand Barère de Vieuzac (1755–1841), notorious for the pliancy of his
political opinions.

gigantesques de la Vendée et des bords du Rhin ; les
trônes croulant au bruit de la marche de nos armées ;
nos flottes abîmées dans les flots ; le peuple déterrant
les monarques à Saint-Denis et jetant la poussière des
rois morts au visage des rois vivants pour les aveugler ;
la nouvelle France, glorieuse de ses nouvelles libertés,
fière même de ses crimes, stable sur son propre sol, tout
en reculant ses frontières, doublement armée du glaive
du bourreau et de l'épée du soldat.

Au milieu de mes chagrins de famille, quelques lettres
de mon ami Hingant vinrent me rassurer sur son sort,
lettres d'ailleurs fort remarquables: il m'écrivait au mois
de septembre 1795: "Votre lettre du 23 août est pleine de
la sensibilité la plus touchante. Je l'ai montrée à quelques personnes qui avaient les yeux mouillés en la lisant.
J'ai été presque tenté de leur dire ce que Diderot disait
le jour que J.-J. Rousseau vint pleurer dans sa prison, à
Vincennes: *Voyez comme mes amis m'aiment.* Ma maladie
n'a été, au vrai, qu'une de ces fièvres de nerfs qui font
beaucoup souffrir, et dont le temps et la patience sont les
meilleurs remèdes. Je lisais pendant cette fièvre des
extraits du *Phédon* et du *Timée.* Ces livres-là donnent
appétit de mourir, et je disais comme Caton:

It must be so, Plato; thou reason'st well[1]!

Je me faisais une idée de mon voyage, comme on se
ferait une idée d'un voyage aux grandes Indes. Je me
représentais que je verrais beaucoup d'objets nouveaux
dans le *monde des esprits* (comme l'appelle Swedenborg),
et surtout que je serais exempt des fatigues et des dangers
du voyage."

A quatre lieues de Beccles[2], dans une petite ville appelée Bungay, demeurait un ministre anglais, le révérend
M. Ives[3], grand helléniste et grand mathématicien. Il

1 Addison, *Cato* v, i, 1: 'It must be so—Plato, thou reason'st well!—'
2 The distance is under seven miles.
3 John Clement Ives, vicar of Ilketshall St Margaret 1794-1812.

avait une femme jeune encore, charmante de figure, d'esprit et de manières, et une fille unique, âgée de quinze ans. Présenté dans cette maison, j'y fus mieux reçu que partout ailleurs. On buvait à la manière des anciens Anglais, et on restait deux heures à table après les femmes. M. Ives, qui avait vu l'Amérique, aimait à conter ses voyages, à entendre le récit des miens, à parler de Newton et d'Homère. Sa fille, devenue savante pour lui plaire, était excellente musicienne et chantait comme aujourd'hui madame Pasta[1]. Elle reparaissait au thé et charmait le sommeil communicatif du vieux ministre. Appuyé au bout du piano, j'écoutais miss Ives en silence.

La musique finie, la *young lady* me questionnait sur la France, sur la littérature; elle me demandait des plans d'études; elle désirait particulièrement connaître les auteurs italiens, et me pria de lui donner quelques notes sur la *Divina Commedia* et la *Gerusalemme*. Peu à peu, j'éprouvai le charme timide d'un attachement sorti de l'âme: j'avais paré les Floridiennes[2], je n'aurais pas osé relever le gant de miss Ives; je m'embarrassais quand j'essayais de traduire quelque passage du Tasse. J'étais plus à l'aise avec un génie plus chaste et plus mâle, Dante.

Les années de Charlotte Ives et les miennes concordaient[3]. Dans les liaisons qui ne se forment qu'au milieu de votre carrière, il entre quelque mélancolie; si l'on ne se rencontre pas de prime abord, les souvenirs de la personne qu'on aime ne se trouvent point mêlés à la partie des jours où l'on respira sans la connaître: ces jours, qui appartiennent à une autre société, sont pénibles à la mémoire et comme retranchés de notre existence. Y a-t-il disproportion d'âge, les inconvénients augmentent: le plus vieux a commencé la vie avant que le plus jeune fût au monde; le plus jeune est destiné à demeurer seul

1 Operatic singer (1798–1865).

2 See *M. d'O.-T.* I, 408. These two Seminole Indian women were said by Chateaubriand to have been the models for Atala and Céluta, the Indian wife of René (see *Atala* and *Les Natchez*).

3 Charlotte, born 9 March 1780, was eleven and a half years younger than Chateaubriand.

à son tour: l'un a marché dans une solitude en deçà d'un
berceau, l'autre traversera une solitude au delà d'une
tombe; le passé fut un désert pour le premier, l'avenir
sera un désert pour le second. Il est difficile d'aimer
avec toutes les conditions de bonheur, jeunesse, beauté,
temps opportun, harmonie de cœur, de goût, de caractère,
de grâces et d'années.

Ayant fait une chute de cheval, je restai quelque temps
chez M. Ives. C'était l'hiver; les songes de ma vie
commencèrent à fuir devant la réalité. Miss Ives devenait
plus réservée; elle cessa de m'apporter des fleurs; elle ne
voulut plus chanter.

Si l'on m'eût dit que je passerais le reste de ma vie,
ignoré au sein de cette famille solitaire, je serais mort de
plaisir: il ne manque à l'amour que la durée pour être
à la fois l'Éden avant la chute et l'Hosanna sans fin.
Faites que la beauté reste, que la jeunesse demeure, que
le cœur ne se puisse lasser, et vous reproduirez le ciel.
L'amour est si bien la félicité souveraine qu'il est poursuivi
de la chimère d'être toujours; il ne veut prononcer que
des serments irrévocables; au défaut de ses joies, il
cherche à éterniser ses douleurs; ange tombé, il parle
encore le langage qu'il parlait au séjour incorruptible;
son espérance est de ne cesser jamais; dans sa double
nature et dans sa double illusion ici-bas, il prétend se
perpétuer par d'immortelles pensées et par des générations intarissables.

Je voyais venir avec consternation le moment où je
serais obligé de me retirer. La veille du jour annoncé
comme celui de mon départ, le dîner fut morne. A mon
grand étonnement, M. Ives se retira au dessert en em-
menant sa fille, et je restai seul avec madame Ives: elle
était dans un embarras extrême. Je crus qu'elle m'allait
faire des reproches d'une inclination qu'elle avait pu
découvrir, mais dont jamais je n'avais parlé. Elle me regardait, baissait les yeux, rougissait; elle-même séduisante
dans ce trouble, il n'y a point de sentiment qu'elle n'eût
pu revendiquer pour elle. Enfin, brisant avec effort l'obs-

tacle qui lui ôtait la parole: "Monsieur, me dit-elle en anglais, vous avez vu ma confusion: je ne sais si Charlotte vous plaît, mais il est impossible de tromper une mère; ma fille a certainement conçu de l'attachement pour vous. M. Ives et moi nous nous sommes consultés; vous nous convenez sous tous les rapports; nous croyons que vous rendrez notre fille heureuse. Vous n'avez plus de patrie; vous venez de perdre vos parents; vos biens sont vendus; qui pourrait donc vous rappeler en France? En attendant notre héritage, vous vivrez avec nous."

De toutes les peines que j'avais endurées, celle-là me fut la plus sensible et la plus grande. Je me jetai aux genoux de madame Ives; je couvris ses mains de mes baisers et de mes larmes. Elle croyait que je pleurais de bonheur, et elle se mit à sangloter de joie. Elle étendit le bras pour tirer le cordon de la sonnette; elle appela son mari et sa fille: "Arrêtez! m'écriai-je; je suis marié!" Elle tomba évanouie.

Je sortis, et, sans rentrer dans ma chambre, je partis à pied. J'arrivai à Beccles, et je pris la poste pour Londres, après avoir écrit à madame Ives une lettre dont je regrette de n'avoir pas gardé de copie.

Le plus doux, le plus tendre et le plus reconnaissant souvenir m'est resté de cet événement. Avant ma renommée, la famille de M. Ives est la seule qui m'ait voulu du bien et qui m'ait accueilli d'une affection véritable. Pauvre, ignoré, proscrit, sans séduction, sans beauté, je trouve un avenir assuré, une patrie, une épouse charmante pour me retirer de mon délaissement, une mère presque aussi belle pour me tenir lieu de ma vieille mère, un père instruit, aimant et cultivant les lettres pour remplacer le père dont le ciel m'avait privé; qu'apportais-je en compensation de tout cela? Aucune illusion ne pouvait entrer dans le choix que l'on faisait de moi; je devais croire être aimé. Depuis cette époque, je n'ai rencontré qu'un attachement assez élevé pour m'inspirer la même confiance[1]. Quant à l'intérêt dont j'ai pu être

1 An allusion to Mme Récamier.

l'objet dans la suite, je n'ai jamais pu démêler si des causes extérieures, si le fracas de la renommée, la parure des partis, l'éclat des hautes positions littéraires ou politiques, n'étaient pas l'enveloppe qui m'attirait des empressements.

Au reste, en épousant Charlotte Ives, mon rôle changeait sur la terre: enseveli dans un comté de la Grande-Bretagne, je serais devenu un *gentleman* chasseur: pas une seule ligne ne serait tombée de ma plume; j'eusse même oublié ma langue, car j'écrivais en anglais, et mes idées commençaient à se former en anglais dans ma tête. Mon pays aurait-il beaucoup perdu à ma disparition? Si je pouvais mettre à part ce qui m'a consolé, je dirais que je compterais déjà bien des jours de calme, au lieu des jours de trouble échus à mon lot. L'Empire, la Restauration, les divisions, les querelles de la France, que m'eût fait tout cela? Je n'aurais pas eu chaque matin à pallier des fautes, à combattre des erreurs. Est-il certain que j'aie un talent véritable et que ce talent ait valu la peine du sacrifice de ma vie? Dépasserai-je ma tombe? Si je vais au delà, y aura-t-il dans la transformation qui s'opère, dans un monde changé et occupé de toute autre chose, y aura-t-il un public pour m'entendre? Ne serai-je pas un homme d'autrefois, inintelligible aux générations nouvelles? Mes idées, mes sentiments, mon style même, ne seront-ils pas à la dédaigneuse postérité choses ennuyeuses et vieillies? Mon ombre pourra-t-elle dire comme celle de Virgile à Dante: *"Poeta fui e cantai*: Je fus poète, et je chantai[1]"?

Revenu à Londres, je n'y trouvai pas le repos: j'avais fui devant ma destinée comme un malfaiteur devant son crime. Combien il avait dû être pénible à une famille si digne de mes hommages, de mes respects, de ma reconnaissance, d'éprouver une sorte de refus de l'homme inconnu qu'elle avait accueilli, auquel elle avait offert de nouveaux foyers avec une simplicité, une absence de

1 Dante, *Inf.* I, 73.

soupçon, de précaution qui tenaient des mœurs patriar-
cales! Je me représentais le chagrin de Charlotte, les
justes reproches que l'on pouvait et qu'on devait
m'adresser: car enfin j'avais mis de la complaisance à
m'abandonner à une inclination dont je connaissais
l'insurmontable illégitimité. Était-ce donc une séduction
que j'avais vainement tentée, sans me rendre compte de
cette blâmable conduite? Mais en m'arrêtant, comme je
le fis, pour rester honnête homme, ou en passant par
dessus l'obstacle pour me livrer à un penchant flétri
d'avance par ma conduite, je n'aurais pu que plonger
l'objet de cette séduction dans le regret ou la douleur.

De ces amères réflexions, je me laissais aller à d'autres
sentiments non moins remplis d'amertume: je maudissais
mon mariage qui, selon les fausses perceptions de mon
esprit, alors très malade, m'avait jeté hors de mes voies
et me privait du bonheur. Je ne songeais pas qu'en raison
de cette nature souffrante à laquelle j'étais soumis et de
ces notions romanesques de liberté que je nourrissais, un
mariage avec miss Ives eût été pour moi aussi pénible
qu'une union plus indépendante.

Une chose restait pure et charmante en moi, quoique
profondément triste: l'image de Charlotte; cette image
finissait par dominer mes révoltes contre mon sort. Je fus
cent fois tenté de retourner à Bungay, d'aller, non me
présenter à la famille troublée, mais me cacher sur le
bord du chemin pour voir passer Charlotte, pour la suivre
au temple où nous avions le même Dieu, sinon le même
autel, pour offrir à cette femme, à travers le ciel, l'inex-
primable ardeur de mes vœux, pour prononcer, du moins
en pensée, cette prière de la bénédiction nuptiale que
j'aurais pu entendre de la bouche d'un ministre dans ce
temple:

"O Dieu, unissez, s'il vous plaît, les esprits de ces époux,
et versez dans leurs cœurs une sincère amitié. Regardez
d'un œil favorable votre servante. Faites que son joug
soit un joug d'amour et de paix, qu'elle obtienne une
heureuse fécondité; faites, Seigneur, que ces époux voient

tous deux les enfants de leurs enfants jusqu'à la troisième et quatrième génération, et qu'ils parviennent à une heureuse vieillesse."

Errant de résolution en résolution, j'écrivais à Charlotte de longues lettres que je déchirais. Quelques billets insignifiants, que j'avais reçus d'elle, me servaient de talisman; attachée à mes pas par ma pensée, Charlotte, gracieuse, attendrie, me suivait, en les purifiant, par les sentiers de la sylphide. Elle absorbait mes facultés; elle était le centre à travers lequel plongeait mon intelligence, de même que le sang passe par le cœur; elle me dégoûtait de tout, car j'en faisais un objet perpétuel de comparaison à son avantage. Une passion vraie et malheureuse est un levain empoisonné qui reste au fond de l'âme et qui gâterait le pain des anges.

Les lieux que j'avais parcourus, les heures et les paroles que j'avais échangées avec Charlotte, étaient gravés dans ma mémoire: je voyais le sourire de l'épouse qui m'avait été destinée; je touchais respectueusement ses cheveux noirs; je pressais ses beaux bras contre ma poitrine, ainsi qu'une chaîne de lis que j'aurais portée à mon cou. Je n'étais pas plutôt dans un lieu écarté, que Charlotte, aux blanches mains, se venait placer à mes côtés. Je devinais sa présence, comme la nuit on respire le parfum des fleurs qu'on ne voit pas.

Privé de la société d'Hingant, mes promenades, plus solitaires que jamais, me laissaient en pleine liberté d'y mener l'image de Charlotte. A la distance de trente milles de Londres, il n'y a pas une bruyère, un chemin, une église que je n'aie visités. Les endroits les plus abandonnés, un préau d'orties, un fossé planté de chardons, tout ce qui était négligé des hommes, devenaient pour moi des lieux préférés, et dans ces lieux Byron respirait déjà[1]. La tête appuyée sur ma main, je regardais les sites dédaignés; quand leur impression pénible m'affectait trop, le souvenir de Charlotte venait me ravir: j'étais

---

[1] Byron did not enter Harrow until 1801: at this date he was living in Scotland with his mother.

alors comme ce pèlerin, lequel, arrivé dans une solitude à la vue des rochers du Sinaï, entendit chanter le rossignol.

A Londres, on était surpris de mes façons. Je ne regardais personne, je ne répondais point, je ne savais ce que l'on me disait: mes anciens camarades me soupçonnaient atteint de folie.

Qu'arriva-t-il à Bungay après mon départ? Qu'est devenue cette famille où j'avais apporté la joie et le deuil?

Vous vous souvenez toujours bien que je suis ambassadeur auprès de Georges IV, et que j'écris à Londres, en 1822, ce qui m'arriva à Londres en 1795.

Quelques affaires, depuis huit jours, m'ont obligé d'interrompre la narration que je reprends aujourd'hui. Dans cet intervalle, mon valet de chambre est venu me dire, un matin, entre midi et une heure, qu'une voiture était arrêtée à ma porte, et qu'une dame anglaise demandait à me parler. Comme je me suis fait une règle, dans ma position publique, de ne refuser personne, j'ai dit de laisser monter cette dame.

J'étais dans mon cabinet; on a annoncé lady Sulton[1]; j'ai vu entrer une femme en deuil, accompagnée de deux beaux garçons également en deuil: l'un pouvait avoir seize ans et l'autre quatorze. Je me suis avancé vers l'étrangère; elle était si émue qu'elle pouvait à peine marcher. Elle m'a dit d'une voix altérée: "*Mylord, do you remember me?* Me reconnaissez-vous?" Oui, j'ai reconnu miss Ives! les années qui avaient passé sur sa tête ne lui avaient laissé que leur printemps. Je l'ai prise par la main, je l'ai fait asseoir et je me suis assis à ses côtés. Je ne lui pouvais parler; mes yeux étaient pleins de larmes; je la regardais en silence à travers ces larmes; je sentais que je l'avais profondément aimée par ce que j'éprouvais. Enfin, j'ai pu lui dire à mon tour: "Et vous, madame, me reconnaissez-vous?" Elle a levé les yeux

---

1 *Sic.* She was Mrs Sutton: in *M. d'O.-T.* IV, 284, she is rightly called 'madame Sutton.' She was married at Bungay to Samuel Sutton, a naval officer, 7 April 1806: he died a vice-admiral in 1832.

qu'elle tenait baissés, et, pour toute réponse, elle m'a
adressé un regard souriant et mélancolique comme un
long souvenir. Sa main était toujours entre les deux
miennes. Charlotte m'a dit: "Je suis en deuil de ma
mère[1], mon père est mort depuis plusieurs années. Voilà
mes enfants." A ces derniers mots, elle a retiré sa main
et s'est enfoncée dans son fauteuil, en couvrant ses yeux
de son mouchoir.

Bientôt elle a repris: "Mylord, je vous parle à présent
dans la langue que j'essayais avec vous à Bungay. Je
suis honteuse: excusez-moi. Mes enfants sont fils de
l'amiral Sulton, que j'épousai trois ans après votre départ
d'Angleterre[2]. Mais aujourd'hui je n'ai pas la tête assez
à moi pour entrer dans le détail. Permettez-moi de
revenir." Je lui ai demandé son adresse en lui donnant
le bras pour la reconduire à sa voiture. Elle tremblait, et
je serrai sa main contre mon cœur.

Je me rendis le lendemain chez lady Sulton; je la
trouvai seule. Alors commença entre nous la série de ces
vous souvient-il, qui font renaître toute une vie. A chaque
vous souvient-il, nous nous regardions; nous cherchions
à découvrir sur nos visages ces traces du temps qui
mesurent cruellement la distance du point de départ et
l'étendue du chemin parcouru. J'ai dit a Charlotte:
"Comment votre mère vous apprit-elle...?" Charlotte
rougit et m'interrompit vivement: "Je suis venue à
Londres pour vous prier de vous intéresser aux enfants
de l'amiral Sulton: l'aîné désirerait passer à Bombay.
M. Canning, nommé gouverneur des Indes, est votre ami;
il pourrait emmener mon fils avec lui. Je serais bien

1 As Chateaubriand left England 8 Sept. 1822, and Mrs Ives did not
die till 19 Sept., this is an error. It would be true, however, of Mrs Sutton's
visit to Chateaubriand in Paris in 1823, when she met with a cold reception,
attributed by Chateaubriand (*M. d'O.-T.* IV, 282) to his preoccupation with
the Spanish war. The interviews in London must have taken place before
9 August 1822, if Chateaubriand, as he says, used his influence with lord
Londonderry on behalf of Mrs Sutton's son: the whole account was probably
written or much revised after 1822.
2 Six years is the correct date.

reconnaissante, et j'aimerais à vous devoir le bonheur de mon premier enfant." Elle appuya sur ces derniers mots.

"Ah! Madame, lui répondis-je, que me rappelez-vous? Quel bouleversement de destinées! Vous qui avez reçu à la table hospitalière de votre père un pauvre banni; vous qui n'avez point dédaigné ses souffrances; vous qui peut-être aviez pensé à l'élever jusqu'à un rang glorieux et inespéré, c'est vous qui réclamez sa protection dans votre pays! Je verrai M. Canning; votre fils, quoi qu'il m'en coûte de lui donner ce nom, votre fils, si cela dépend de moi, ira aux Indes. Mais, dites-moi, madame, que vous fait ma fortune nouvelle? Comment me voyez-vous aujourd'hui? Ce mot de *mylord* que vous employez me semble bien dur."

Charlotte répliqua: "Je ne vous trouve point changé, pas même vieilli. Quand je parlais de vous à mes parents pendant votre absence, c'était toujours le titre de *mylord* que je vous donnais; il me semblait que vous le deviez porter: n'étiez-vous pas pour moi comme un mari, *my lord and master*, mon seigneur et maître?" Cette gracieuse femme avait quelque chose de l'Ève de Milton, en prononçant ces paroles: elle n'était point née du sein d'une autre femme; sa beauté portait l'empreinte de la main divine qui l'avait pétrie.

Je courus chez M. Canning et chez lord Londonderry; ils me firent des difficultés pour une petite place, comme on m'en aurait fait en France; mais ils promettaient comme on promet à la cour. Je rendis compte à lady Sulton de ma démarche. Je la revis trois fois: à ma quatrième visite, elle me déclara qu'elle allait retourner à Bungay. Cette dernière entrevue fut douloureuse. Charlotte m'entretint encore du passé, de notre vie cachée, de nos lectures, de nos promenades, de la musique, des fleurs d'antan, des espérances d'autrefois. "Quand je vous ai connu, me disait-elle, personne ne prononçait votre nom; maintenant, qui l'ignore? Savez-vous que je possède un ouvrage et plusieurs lettres, écrits de votre main? Les voilà." Et elle me remit un paquet. "Ne vous offensez pas si je ne

veux rien garder de vous," et elle se prit à pleurer.
"*Farewell! farewell!* me dit-elle, souvenez-vous de mon
fils. Je ne vous reverrai jamais, car vous ne viendrez pas
me chercher à Bungay.—J'irai, m'écriai-je; j'irai vous
porter le brevet de votre fils." Elle secoua la tête d'un
air de doute, et se retira.

Rentré à l'ambassade, je m'enfermai et j'ouvris le
paquet. Il ne contenait que des billets de moi insignifiants et un plan d'études, avec des remarques sur les
poètes anglais et italiens. J'avais espéré trouver une lettre
de Charlotte; il n'y en avait point; mais j'aperçus aux
marges du manuscrit quelques notes anglaises, françaises
et latines, dont l'encre vieillie et la jeune écriture témoi-
gnaient qu'elles étaient depuis longtemps déposées sur
ces marges.

Voilà mon histoire avec miss Ives. En achevant de la
raconter, il me semble que je perds une seconde fois Charlotte, dans cette même île où je la perdis une première.
Mais entre ce que j'éprouve à cette heure pour elle, et ce
que j'éprouvais aux heures dont je rappelle les tendresses,
il y a tout l'espace de l'innocence : des passions se sont
interposées entre miss Ives et lady Sulton. Je ne porterais
plus à une femme ingénue la candeur des désirs, la suave
ignorance d'un amour resté à la limite du rêve. J'écrivais
alors sur le vague des tristesses; je n'en suis plus au vague
de la vie. Eh bien! si j'avais serré dans mes bras, épouse
et mère, celle qui me fut destinée vierge et épouse, c'eût
été avec une sorte de rage, pour flétrir, remplir de douleur
et étouffer ces vingt-sept années livrées à un autre, après
m'avoir été offertes.

Je dois regarder le sentiment que je viens de rappeler
comme le premier de cette espèce entré dans mon cœur;
il n'était cependant point sympathique à ma nature ora-
geuse; elle l'aurait corrompu; elle m'eût rendu incapable
de savourer longuement de saintes délectations. C'était
alors qu'aigri par les malheurs, déjà pèlerin d'outre-mer,
ayant commencé mon solitaire voyage, c'était alors que
les folles idées peintes dans le mystère de René m'obsé-

daient et faisaient de moi l'être le plus tourmenté qui fût
sur la terre. Quoi qu'il en soit, la chaste image de Charlotte, en faisant pénétrer au fond de mon âme quelques
rayons d'une lumière vraie, dissipa d'abord une nuée de
fantômes : ma démone, comme un mauvais génie, se re-
plongea dans l'abîme ; elle attendit l'effet du temps pour
renouveler ses apparitions.

Mes rapports avec Deboffe n'avaient jamais été interrompus complètement pour l'*Essai sur les Révolutions*,
et il m'importait de les reprendre au plus vite à Londres
pour soutenir ma vie matérielle. Mais d'où m'était venu
mon dernier malheur? de mon obstination au silence.
Pour comprendre ceci, il faut entrer dans mon caractère.
    En aucun temps il ne m'a été possible de surmonter
cet esprit de retenue et de solitude intérieure qui m'em-
pêche de causer de ce qui me touche.
    Personne ne saurait affirmer sans mentir que j'aie ra-
conté ce que la plupart des gens racontent dans un
moment de peine, de plaisir ou de vanité. Un nom, une
confession de quelque gravité, ne sort point ou ne sort
que rarement de ma bouche. Je n'entretiens jamais les
passants de mes intérêts, de mes desseins, de mes travaux,
de mes idées, de mes attachements, de mes joies, de mes
chagrins, persuadé de l'ennui profond que l'on cause aux
autres en leur parlant de soi. Sincère et véridique, je
manque d'ouverture de cœur: mon âme tend incessam-
ment à se fermer ; je ne dis point une chose entière et je
n'ai laissé passer ma vie complète que dans ces *Mémoires*.
Si j'essaye de commencer un récit, soudain l'idée de sa
longueur m'épouvante ; au bout de quatre paroles, le son
de ma voix me devient insupportable et je me tais. Comme
je ne crois à rien, excepté en religion, je me défie de tout:
la malveillance et le dénigrement sont les deux caractères
de l'esprit français; la moquerie et la calomnie, le résultat
certain d'une confidence.
    Mais qu'ai-je gagné à ma nature réservée? d'être devenu,
parce que j'étais impénétrable, un je ne sais quoi de

fantaisie, qui n'a aucun rapport avec ma réalité. Mes amis mêmes se trompent sur moi, en croyant me faire mieux connaître et en m'embellissant des illusions de leur attachement. Toutes les médiocrités d'antichambre, de bureaux, de gazettes, de cafés m'ont supposé de l'ambition, et je n'en ai aucune. Froid et sec en matière usuelle, je n'ai rien de l'enthousiaste et du sentimental : ma perception distincte et rapide traverse vite le fait et l'homme, et les dépouille de toute importance. Loin de m'entraîner, d'idéaliser les vérités applicables, mon imagination ravale les plus hauts événements, me déjoue moi-même ; le côté petit et ridicule des objets m'apparaît tout d'abord ; de grands génies et de grandes choses, il n'en existe guère à mes yeux. Poli, laudatif, admiratif pour les suffisances qui se proclament intelligences supérieures, mon mépris caché rit et place sur tous ces visages enfumés d'encens des masques de Callot[1]. En politique, la chaleur de mes opinions n'a jamais excédé la longueur de mon discours ou de ma brochure. Dans l'existence intérieure et théorique, je suis l'homme de tous les songes ; dans l'existence extérieure et pratique, l'homme des réalités. Aventureux et ordonné, passionné et méthodique, il n'y a jamais eu d'être à la fois plus chimérique et plus positif que moi, de plus ardent et de plus glacé ; androgyne bizarre, pétri des sangs divers de ma mère et de mon père.

Les portraits qu'on a faits de moi, hors de toute ressemblance, sont principalement dus à la réticence de mes paroles. La foule est trop légère, trop inattentive pour se donner le temps, lorsqu'elle n'est pas avertie, de voir les individus tels qu'ils sont. Quand, par hasard, j'ai essayé de redresser quelques-uns de ces faux jugements dans mes préfaces, on ne m'a pas cru. En dernier résultat, tout m'étant égal, je n'insistais pas ; un *comme vous voudrez* m'a toujours débarrassé de l'ennui de persuader personne ou de chercher à établir une vérité. Je rentre dans mon for intérieur, comme un lièvre dans son gîte :

[1] Jacques Callot, engraver and draughtsman (1593–1635).

là je me remets à contempler la feuille qui remue ou le brin d'herbe qui s'incline.

Je ne me fais pas une vertu de ma circonspection invincible autant qu'involontaire : si elle n'est pas une fausseté, elle en a l'apparence ; elle n'est pas en harmonie avec des natures plus heureuses, plus aimables, plus faciles, plus naïves, plus abondantes, plus communicatives que la mienne. Souvent elle m'a nui dans les sentiments et dans les affaires, parce que je n'ai jamais pu souffrir les explications, les raccommodements par protestation et éclaircissement, lamentation et pleurs, verbiage et reproches, détails et apologie.

Au cas de la famille Ives, ce silence obstiné de moi sur moi-même me fut extrêmement fatal. Vingt fois la mère de Charlotte s'était enquise de mes parents et m'avait mis sur la voie des révélations. Ne prévoyant pas où mon mutisme me mènerait, je me contentai, comme d'usage, de répondre quelques mots vagues et brefs. Si je n'eusse été atteint de cet odieux travers d'esprit, toute méprise devenant impossible, je n'aurais pas eu l'air d'avoir voulu tromper la plus généreuse hospitalité ; la vérité, dite par moi au moment décisif, ne m'excusait pas : un mal réel n'en avait pas moins été fait.

Je repris mon travail au milieu de mes chagrins et des justes reproches que je me faisais. Je m'accommodais même de ce travail, car il m'était venu en pensée qu'en acquérant du renom, je rendrais la famille Ives moins repentante de l'intérêt qu'elle m'avait témoigné. Charlotte, que je cherchais ainsi à me réconcilier par la gloire, présidait à mes études. Son image était assise devant moi tandis que j'écrivais. Quand je levais les yeux de dessus mon papier, je les portais sur l'image adorée, comme si le modèle eût été là en effet. Les habitants de l'île de Ceylan virent un matin l'astre du jour se lever dans un pompe extraordinaire, son globe s'ouvrit et il en sortit une brillante créature qui dit aux Ceylanais : "Je viens régner sur vous." Charlotte, éclose d'un rayon de lumière, régnait sur moi.

Abandonnons-les, ces souvenirs; les souvenirs vieillissent et s'effacent comme les espérances. Ma vie va changer, elle va couler sous d'autres cieux, dans d'autres vallées. Premier amour de ma jeunesse, vous fuyez avec vos charmes! Je viens de revoir Charlotte, il est vrai, mais après combien d'années l'ai-je revue? Douce lueur du passé, rose pâle du crépuscule qui borde la nuit, quand le soleil depuis longtemps est couché!

On a souvent représenté la vie (moi tout le premier) comme une montagne que l'on gravit d'un côté et que l'on dévale de l'autre : il serait aussi vrai de la comparer à une Alpe, au sommet chauve couronné de glace, et qui n'a pas de revers. En suivant cette image, le voyageur monte toujours et ne descend plus; il voit mieux alors l'espace qu'il a parcouru, les sentiers qu'il n'a pas choisis et à l'aide desquels il se fût élevé par une pente adoucie : il regarde avec regret et douleur le point où il a commencé de s'égarer. Ainsi, c'est à la publication de l'*Essai historique* que je dois marquer le premier pas qui me fourvoya du chemin de la paix. J'achevai la première partie du grand travail que je m'étais tracé; j'en écrivis le dernier mot entre l'idée de la mort (j'étais retombé malade) et un rêve évanoui: *In somnis venit imago conjugis*[1]. Imprimé chez Baylis, l'*Essai* parut chez Deboffe en 1797. Cette date est celle d'une des transformations de ma vie. Il y a des moments où notre destinée, soit qu'elle cède à la société, soit qu'elle obéisse à la nature, soit qu'elle commence à nous faire ce que nous devons demeurer, se détourne soudain de sa ligne première, telle qu'un fleuve qui change son cours par une subite inflexion.

L'*Essai* offre le compendium de mon existence, comme poète, moraliste, publiciste et politique. Dire que j'espérais, autant du moins que je puis espérer, un grand succès de l'ouvrage, cela va sans dire : nous autres auteurs, petits prodiges d'une ère prodigieuse, nous avons la prétention

---

1 Vergil, *Aeneid* I, 353-4.

d'entretenir des intelligences avec les races futures; mais nous ignorons, que je crois, la demeure de la postérité, nous mettons mal son adresse. Quand nous nous engourdirons dans la tombe, la mort glacera si dur nos paroles, écrites ou chantées, qu'elles ne se fondront pas comme les *paroles gelées* de Rabelais.

L'*Essai* devait être une sorte d'encyclopédie historique. Le seul volume publié est déjà une assez grande investigation; j'en avais la suite en manuscrit; puis venaient, auprès des recherches et annotations de l'annaliste, les lais et virelais du poète, les *Natchez*, etc. Je comprends à peine aujourd'hui comment j'ai pu me livrer à des études aussi considérables, au milieu d'une vie active, errante et sujette à tant de revers. Mon opiniâtreté à l'ouvrage explique cette fécondité: dans ma jeunesse, j'ai souvent écrit douze et quinze heures sans quitter la table où j'étais assis, raturant et recomposant dix fois la même page. L'âge ne m'a rien fait perdre de cette faculté d'application: aujourd'hui mes correspondances diplomatiques, qui n'interrompent point mes compositions littéraires, sont entièrement de ma main.

L'*Essai* fit du bruit dans l'émigration: il était en contradiction avec les sentiments de mes compagnons d'infortune; mon indépendance dans mes diverses positions sociales a presque toujours blessé les hommes avec qui je marchais. J'ai tour à tour été le chef d'armées différentes dont les soldats n'étaient pas de mon parti: j'ai mené les vieux royalistes à la conquête des libertés publiques, et surtout de la liberté de la presse, qu'ils détestaient: j'ai rallié les libéraux au nom de cette même liberté sous le drapeau des Bourbons qu'ils ont en horreur. Il arriva que l'opinion émigrée s'attacha, par amour-propre, à ma personne: les *Revues* anglaises ayant parlé de moi avec éloge, la louange rejaillit sur tout le corps des *fidèles*.

J'avais adressé des exemplaires de l'*Essai* à La Harpe, Ginguené et de Sales[1]. Lemierre, neveu du poète du

---

[1] Jean-François de La Harpe (1739–1803), literary critic and historian and a disciple of Voltaire: his portrait is drawn in *M. d'O.-T.* II, 326–9.

même nom et traducteur des poésies de Gray[1], m'écrivit de Paris, le 15 de juillet 1797, que mon *Essai* avait le plus grand succès. Il est certain que si l'*Essai* fut un moment connu, il fut presque aussitôt oublié: une ombre subite engloutit le premier rayon de ma gloire.

Étant devenu presque un personnage, la haute émigration me rechercha à Londres. Je fis mon chemin de rue en rue; je quittai d'abord Holborn-Tottenham-Courtroad, et m'avançai jusque sur la route d'Hampstead. Là, je stationnai quelques mois chez madame O'Larry[2], veuve irlandaise, mère d'une très-jolie fille de quatorze ans et aimant tendrement les chats. Liés par cette conformité de passion, nous eûmes le malheur de perdre deux élégantes minettes, toutes blanches comme deux hermines, avec le bout de la queue noir.

Chez madame O'Larry venaient de vieilles voisines avec lesquelles j'étais obligé de prendre du thé à l'ancienne façon. Madame de Staël a peint cette scène dans *Corinne* chez lady Edgermond: "Ma chère, croyez-vous que l'eau soit assez bouillante pour la jeter sur le thé?—Ma chère, je crois que ce serait trop tôt[3]."

Venait aussi à ces soirées une grande belle jeune irlandaise, Marie Neale, sous la garde d'un tuteur. Elle trouvait au fond de mon regard quelque blessure, car elle me disait: *You carry your heart in a sling* (vous portez votre cœur en écharpe). Je portais mon cœur je ne sais comment.

Madame O'Larry partit pour Dublin; alors m'éloignant derechef du canton de la colonie de la pauvre émigration de l'est, j'arrivai, de logement en logement, jusqu'au quartier de la riche émigration de l'ouest, parmi les évêques, les familles de cour et les colons de la Martinique.

Pierre-Louis Ginguené (1748–1816), critic, is described *ibid*. I, 222–5: he was Chateaubriand's fellow-countryman, born at Rennes. For Jean-Baptiste Isoard, known as Delisle de Sales (1743–1816), see *ibid*. I, 218–19: to this miscellaneous writer and philosopher Chateaubriand owed his first introduction to literary circles in 1789.

1 Antoine-Marie Lemierre, the poet, lived 1723–93.
2 Probably O'Leary.   3 *Corinne* XIV, i.

Peltier m'était revenu; il s'était marié à la venvole; toujours hâbleur, gaspillant son obligeance et fréquentant l'argent de ses voisins plus que leur personne.

Je fis plusieurs connaissances nouvelles, surtout dans la société où j'avais des rapports de famille: Christian de Lamoignon, blessé grièvement d'une jambe à l'affaire de Quiberon, et aujourd'hui mon collègue à la Chambre des pairs, devint mon ami[1]. Il me présenta à madame Lindsay[2], attachée à Auguste de Lamoignon, son frère: le président Guillaume n'était pas emménagé de la sorte à Basville, entre Boileau, madame de Sévigné et Bourdaloue[3].

Madame Lindsay, Irlandaise d'origine, d'un esprit sec, d'une humeur un peu cassante, élégante de taille, agréable de figure, avait de la noblesse d'âme et de l'élévation de caractère: les émigrés de mérite passaient la soirée au foyer de la dernière des Ninon[4]. La vieille monarchie périssait avec tous ses abus et toutes ses grâces. On la déterrera un jour, comme ces squelettes de reines, ornés de colliers, de bracelets, de pendants d'oreilles, qu'on exhume en Étrurie. Je rencontrai à ce rendez-vous M. Malouet[5] et madame du Belloy, femme digne d'attachement, le comte de Montlosier et le chevalier de

---

1 Anne-Pierre-Christian, vicomte de Lamoignon (1770–1827), third son of Chrétien-François, marquis de Basville. His life was saved at Quiberon in June 1795 by his brother Charles, who was taken prisoner and executed. He was created a peer of France in 1815. Chateaubriand was connected by his brother's marriage with the house of Lamoignon-Malesherbes, which sprang from the second son of Chrétien-François (see note 3).

2 From Mme Lindsay Benjamin Constant, who was one of her lovers, is said to have drawn some traits for the character of Ellénore in *Adolphe*.

3 Guillaume de Lamoignon (1617–77) was president of the parlement of Paris. His son Chrétien-François entertained many men and women of genius at the family seat of Basville or Bâville (Seine-et-Oise): see Boileau, *Épître* VI.

4 Anne de Lenclos (1616–1706), known as Ninon and celebrated for her gallantries and witty conversation.

5 Pierre-Victor Malouet (1740–1814), deputy for his native place, Riom (Puy-de-Dôme), in the states-general, where he was a prominent advocate of the royalist cause. He emigrated in 1792, returned to France under the consulate and was created a baron in 1810. His *Mémoires*, remarkable for wisdom and good faith, were published in 1868.

Panat[1]. Ce dernier avait une réputation méritée d'esprit, de malpropreté et de gourmandise: il appartenait à ce parterre d'hommes de goût, assis autrefois les bras croisés devant la société française; oisifs dont la mission était de tout regarder et de tout juger, ils exerçaient les fonctions qu'exercent maintenant les journaux, sans en avoir l'âpreté, mais aussi sans arriver à leur grande influence populaire.

Montlosier était resté à cheval sur la renommée de sa fameuse phrase de la *croix de bois*, phrase un peu ratissée par moi quand je l'ai reproduite, mais vraie au fond[2]. En quittant la France, il se rendit à Coblentz: mal reçu des princes, il eut une querelle, se battit la nuit au bord du Rhin et fut embroché. Ne pouvant remuer et n'y voyant goutte, il demanda aux témoins si la pointe de l'épée passait par derrière: " De trois pouces, lui dirent ceux-ci qui tâtèrent.—Alors ce n'est rien, répondit Montlosier: monsieur, retirez votre botte."

Montlosier, accueilli de la sorte pour son royalisme, passa en Angleterre et se réfugia dans les lettres, grand hôpital des émigrés où j'avais une paillasse auprès de la sienne. Il obtint la rédaction du *Courrier français*[3]. Outre son journal, il écrivait des ouvrages physico-politico-philosophiques: il prouvait dans l'une de ces œuvres que le bleu était la couleur de la vie par la raison que les veines bleuissent après la mort, la vie venant à la surface du corps pour s'évaporer et retourner au ciel bleu; comme j'aime beaucoup le bleu, j'étais tout charmé.

Féodalement libéral, aristocrate et démocrate, esprit bigarré, fait de pièces et de morceaux, Montlosier accouche avec difficulté d'idées disparates; mais s'il parvient à les dégager de leur délivre, elles sont quelquefois belles, sur-

---

1 1762-1834: vice-admiral and general secretary of the admiralty 1814.

2 The phrase referred to the demand made of the French bishops to resign their sees as a condition of the concordat: ' Si on leur ôte une croix d'or, ils prendront une croix de bois; c'est une croix de bois qui a sauvé le monde.'

3 See note 3 on p. 5 above.

tout énergiques: antiprêtre comme noble, chrétien par
sophisme et comme amateur des vieux siècles, il eût été,
sous le paganisme, chaud partisan de l'indépendance en
théorie et de l'esclavage en pratique, faisant jeter l'esclave
aux murènes, au nom de la liberté du genre humain.
Brise-raison, ergoteur, roide et hirsute, l'ancien député de
la noblesse de Riom se permet néanmoins des condescen-
dances au pouvoir; il sait ménager ses intérêts, mais il
ne souffre pas qu'on s'en aperçoive, et met à l'abri ses
faiblesses d'homme derrière son honneur de gentil-
homme. Je ne veux point dire du mal de mon *Auvernat
fumeux*[1], avec ses romances du *Mont-d'Or* et sa polémique
de la *Plaine*; j'ai du goût pour sa personne hétéroclite. Ses
longs développements obscurs et tournoiements d'idées,
avec parenthèses, bruits de gorge et *oh! oh!* chevrotants,
m'ennuient (le ténébreux, l'embrouillé, le vaporeux, le
pénible me sont abominables); mais, d'un autre côté, je
suis diverti par ce naturaliste de volcans, ce Pascal
manqué[2], cet orateur de montagnes qui pérore à la tribune
comme ses petits compatriotes chantent au haut d'une
cheminée[3]; j'aime ce gazetier de tourbières et de castels,
ce libéral expliquant la Charte à travers une fenêtre
gothique, ce seigneur pâtre quasi marié à sa vachère,
semant lui-même son orge parmi la neige, dans son petit
champ de cailloux: je lui saurai toujours gré de m'avoir
consacré, dans son chalet du Puy-de-Dôme[4], une vieille
roche noire, prise d'un cimetière des Gaulois par lui dé-
couvert.

L'abbé Delille[5], autre compatriote de Sidoine Apolli-

1 The epithet refers to the indistinctness of Montlosier's thought, 'smoky'
like his native volcanoes.

2 Montlosier's first work was an *Essai sur la théorie des volcans en
Auvergne* (1789). Blaise Pascal, born at Clermont-Ferrand, established the
theory of barometric pressure by experiments conducted on the Puy-de-
Dôme in 1648.

3 Auvergnat chimney-sweeps.

4 At Randanne, about 15 miles south of Clermont.

5 Jacques Delille (1738–1813), born at Aigueperse (Puy-de-Dôme),
celebrated as the translator of Vergil and Milton and as an ingenious poet of
a descriptive and moralising order with a gift for studied periphrasis. The

naire, du chancelier de l'Hospital, de La Fayette, de Thomas, de Chamfort[1], chassé du continent par le débordement des victoires républicaines, était venu aussi s'établir à Londres. L'émigration le comptait avec orgueil dans ses rangs; il chantait nos malheurs, raison de plus pour aimer sa muse. Il besognait beaucoup; il le fallait bien, car madame Delille l'enfermait et ne le lâchait que quand il avait gagné sa journée par un certain nombre de vers. Un jour, j'étais allé chez lui; il se fit attendre, puis il parut les joues fort rouges : on prétend que madame Delille le souffletait ; je n'en sais rien ; je dis seulement ce que j'ai vu.

Qui n'a entendu l'abbé Delille dire ses vers? Il racontait très-bien; sa figure, laide, chiffonnée, animée par son imagination, allait à merveille à la nature coquette de son débit, au caractère de son talent et à sa profession d'abbé. Le chef-d'œuvre de l'abbé Delille est sa traduction des *Géorgiques*, aux morceaux de sentiment près; mais c'est comme si vous lisiez Racine traduit dans la langue de Louis XV.

La littérature du XVIIIe siècle, à part quelques beaux génies qui la dominent, cette littérature, placée entre la littérature classique du XVIIe siècle et la littérature romantique du XIXe, sans manquer de naturel, manque de nature ; vouée à des arrangements de mots, elle n'est ni assez originale comme école nouvelle, ni assez pure comme école antique. L'abbé Delille était le poète des châteaux modernes, de même que le troubadour était le poète des vieux châteaux ; les vers de l'un, les ballades de l'autre,

subject and style of his chief poem *Les Jardins* bear some analogy to those of the verse of Erasmus Darwin and represent a final effort of eighteenth-century poetic taste.

1 Sidonius Apollinaris (430–88), born at Lyon, had a villa in Auvergne beside the lac d'Aydat, south of Clermont. The chancellor Michel de l'Hôpital (1506–73) was a native of Aigueperse. Marie-Paul Motier, marquis de La Fayette (1754–1834), who took his title from a château in the district south-east of Issoire (Puy-de-Dôme), was born at Chavagnac (Haute-Loire). Antoine-Léonard Thomas (1732–85), author of panegyrics and miscellaneous prose, and the critic Sébastien-Robert Nicolas, known as Chamfort (1741–94), were both natives of Clermont.

font sentir la différence qui existait entre l'aristocratie dans la force de l'âge et l'aristocratie dans la décrépitude : l'abbé peint des lectures et des parties d'échecs dans les manoirs où les troubadours chantaient des croisades et des tournois.

Les personnages distingués de notre Église militante étaient alors en Angleterre : l'abbé Carron, dont je vous ai déjà parlé en lui empruntant la vie de ma sœur Julie[1], l'évêque de Saint-Pol-de-Léon[2], prélat sévère et borné, qui contribuait à rendre M. le comte d'Artois de plus en plus étranger à son siècle ; l'archevêque d'Aix[3], calomnié peut-être à cause de ses succès dans le monde ; un autre évêque savant et pieux, mais d'une telle avarice, que s'il avait eu le malheur de perdre son âme, il ne l'aurait jamais rachetée. Presque tous les avares sont gens d'esprit : il faut que je sois bien bête.

Parmi les Françaises de l'ouest, on nommait madame de Boigne[4], aimable, spirituelle, remplie de talents, extrêmement jolie et la plus jeune de toutes ; elle a depuis représenté avec son père, le marquis d'Osmond, la cour de France en Angleterre, bien mieux que ma sauvagerie ne l'a fait. Elle écrit maintenant, et ses talents reproduiront à merveille ce qu'elle a vu.

1 See *Mém. d'O.-T.* I, 178-80. Guy-Toussaint-Joseph Carron (1760-1821) founded (1799) schools and charitable institutions for *émigrés* in Somers Town, and subsequently founded the Institut des nobles orphelines, which, as the Institut royal de Marie-Thérèse, was a prime object of Mme de Chateaubriand's pious solicitude. Carron's life of Julie, comtesse de Farcy, formed part of his collection of exemplary *Vies des Justes* : Chateaubriand supplemented his *Mémoires* by a notice of her (*M. d'O.-T.* VI, 481-98).

2 Jean-François de la Marche (1729-1805 or 1806), consecrated bishop of Léon 1772 : he refused to resign his see in 1801.

3 Jean-de-Dieu-Raymond de Boisgelin de Cucé (1732-1804), bishop of Lavaur 1765, archbishop of Aix 1770. He resigned his see in 1801, was appointed archbishop of Tours, and died at Angervillers (Seine-et-Oise) in 1804. His translation of the Psalms in verse was published in London in 1799.

4 Wife of Benoît Laborgne, comte de Boigne, a native of Chambéry who made his fortune in India. Her romances were published posthumously, and her *Mémoires* appeared in 1907-8. Her father, M. d'Osmond, was French ambassador in London 1815-19.

Mesdames de Caumont[1], de Gontaut et du Cluzel
habitaient aussi le quartier des félicités exilées, si toutefois je ne fais pas de confusion à l'égard de madame de
Caumont et de madame du Cluzel, que j'avais entrevues
à Bruxelles.

Très-certainement, à cette époque, madame la duchesse
de Duras[2] était à Londres : je ne devais la connaître que
dix ans plus tard. Que de fois on passe dans la vie à côté
de ce qui en ferait le charme, comme le navigateur franchit
les eaux d'une terre aimée du ciel, qu'il n'a manquée que
d'un horizon et d'un jour de voile ! J'écris ceci au bord
de la Tamise, et demain une lettre ira dire, par la poste,
à madame de Duras, au bord de la Seine, que j'ai rencontré
son premier souvenir.

De temps en temps la Révolution nous envoyait des
émigrés d'une espèce et d'une opinion nouvelles; il se
formait diverses couches d'exilés: la terre renferme des
lits de sable ou d'argile déposés par les flots du déluge.
Un de ces flots m'apporta un homme dont je déplore aujourd'hui la perte, un homme qui fut mon guide dans les
lettres, et de qui l'amitié a été un des honneurs comme
une des consolations de ma vie.

On a lu, dans un des livres de ces *Mémoires*, que j'avais
connu M. de Fontanes[3] en 1789: c'est à Berlin, l'année
dernière, que j'appris la nouvelle de sa mort. Il était né
à Niort, d'une famille noble et protestante : son père avait
eu le malheur de tuer en duel son beau-frère. Le jeune
Fontanes, élevé par un frère d'un grand mérite, vint à

1 Mme de Caumont, wife of the marquis de la Force, was a member of
the Lamoignon family (see note 1 on p. 38 above). Mme de Gontaut-Biron
wrote *Mémoires* in 1791: she was a friend of Mme de Rosanbo, the mother
of Chateaubriand's sister-in-law. Created duchesse de Gontaut in 1826, her
devotion to the Bourbons led her into exile a second time in 1830.

2 Claire de Kersaint (1777–1829), married in England (1797) to Amédée
de Durfort, afterwards duc de Duras. Her friendship with Chateaubriand
began about 1814. See *M. d'O.-T.* IV, 458–61.

3 See *M. d'O.-T.* I, 230-1. Jean-Pierre-Louis de Fontanes (1757–1821),
created marquis de Fontanes 1821. He died in March of that year.

Paris. Il vit mourir Voltaire[1], et ce grand représentant du XVIIIe siècle lui inspira ses premiers vers : ses essais poétiques furent remarqués de La Harpe. Il entreprit quelques travaux pour le théâtre, et se lia avec une actrice charmante, mademoiselle Desgarcins. Logé auprès de l'Odéon, en errant autour de la Chartreuse, il en célébra la solitude. Il avait rencontré un ami destiné à devenir le mien, M. Joubert[2]. La Révolution arrivée, le poète s'engagea dans un de ces partis stationnaires qui meurent toujours déchirés par le parti du progrès qui les tire en avant, et le parti rétrograde qui les tire en arrière. Les monarchiens attachèrent M. de Fontanes à la rédaction du *Modérateur*. Quand les jours devinrent mauvais, il se réfugia à Lyon et s'y maria. Sa femme accoucha d'un fils : pendant le siége de la ville que les révolutionnaires avaient nommée *Commune affranchie*, de même que Louis XI, en en bannissant les citoyens, avait appelé Arras *Ville franchise*, madame de Fontanes était obligée de changer de place le berceau de son nourrisson pour le mettre à l'abri des bombes. Retourné à Paris le 9 thermidor, M. de Fontanes établit le *Mémorial*[3] avec M. de La Harpe et l'abbé de Vauxelles. Proscrit au 18 fructidor, l'Angleterre fut son port de salut.

M. de Fontanes a été, avec Chénier[4], le dernier écrivain de l'école classique de la branche aînée: sa prose et ses vers se ressemblent et ont un mérite de même nature. Ses pensées et ses images ont une mélancolie ignorée du siècle de Louis XIV, qui connaissait seulement l'austère et sainte tristesse de l'éloquence religieuse. Cette mélancolie se trouve mêlée aux ouvrages du chantre du *Jour*

1 In 1778.

2 Joseph Joubert (1754–1824), writer of *pensées*. See the essay upon him by Matthew Arnold in *Essays in Criticism*, 1st ser.

3 The *Mémorial historique, politique et littéraire*, May—Sept. 1797, suppressed after the *coup d'état* of 18 fructidor (4 Sept.).

4 Chateaubriand probably alludes to the republican poet, Marie-Joseph Chénier, to whose seat in the Academy he succeeded in 1811. The royalist André Chénier, guillotined in 1794, whose poems were published in 1819, was Marie-Joseph's elder brother and is of much greater importance as a poet.

des Morts[1], comme l'empreinte de l'époque où il a vécu ; elle fixe la date de sa venue ; elle montre qu'il est né depuis J.-J. Rousseau, tenant par son goût à Fénelon. Si l'on réduisait les écrits de M. de Fontanes à deux très petits volumes, l'un de prose, l'autre de vers, ce serait le plus élégant monument funèbre qu'on pût élever sur la tombe de l'école classique[2].

Parmi les papiers que mon ami a laissés, se trouvent plusieurs chants du poème de *la Grèce sauvée*, des livres d'odes, des poésies diverses, etc. Il n'eût plus rien publié lui-même : car ce critique si fin, si éclairé, si impartial lorsque les opinions politiques ne l'aveuglaient pas, avait une frayeur horrible de la critique. Il a été souverainement injuste envers madame de Staël. Un article envieux de Garat[3], sur la *Forêt de Navarre*, pensa l'arrêter net au début de sa carrière poétique. Fontanes, en paraissant, tua l'école affectée de Dorat[4], mais il ne put rétablir l'école classique qui touchait à son terme avec la langue de Racine.

Parmi les odes posthumes de M. de Fontanes, il en est une sur l'*Anniversaire de sa naissance* : elle a tout le charme du *Jour des Morts*, avec un sentiment plus pénétrant et plus individuel. Je ne me souviens que de ces deux strophes :

> La vieillesse déjà vient avec ses souffrances :
> Que m'offre l'avenir ? De courtes espérances.
> Que m'offre le passé ? Des fautes, des regrets.
> Tel est le sort de l'homme ; il s'instruit avec l'âge :
> Mais que sert d'être sage,
> Quand le terme est si près ?

1 This poem on All Souls' day, published by Peltier in his journal, is quoted and summarised by Chateaubriand, with a comparison between Fontanes and Simonides, in the *Essai historique* I, xxii.

2 Two such volumes were published in 1839, under the editorship of Sainte-Beuve, to whom they were entrusted by Fontanes' daughter.

3 Dominique-Joseph Garat (1749–1833), politician and publicist ; author of *Mémoires sur la vie de Monsieur Suard*.

4 Claude-Joseph Dorat (1734–80), celebrated for light and elegant verse.

Le passé, le présent, l'avenir, tout m'afflige.
La vie à son déclin est pour moi sans prestige ;
Dans le miroir du temps elle perd ses appas.
Plaisirs ! allez chercher l'amour et la jeunesse ;
Laissez-moi ma tristesse ;
Et ne l'insultez pas !

Si quelque chose au monde devait être antipathique à
M. de Fontanes, c'était ma manière d'écrire. En moi
commençait, avec l'école dite romantique, une révolution
dans la littérature française: toutefois, mon ami, au lieu
de se révolter contre ma barbarie, se passionna pour elle.
Je voyais bien de l'ébahissement sur son visage quand je
lui lisais des fragments des *Natchez*, d'*Atala*, de *René*; il
ne pouvait ramener ces productions aux règles communes
de la critique, mais il sentait qu'il entrait dans un monde
nouveau; il voyait une nature nouvelle; il comprenait
une langue qu'il ne parlait pas. Je reçus de lui d'excellents
conseils; je lui dois ce qu'il y a de correct dans mon style;
il m'apprit à respecter l'oreille; il m'empêcha de tomber
dans l'extravagance d'invention et le rocailleux d'exécution de mes disciples.

Ce me fut un grand bonheur de le revoir à Londres,
fêté de l'émigration ; on lui demandait des chants de *la
Grèce sauvée*; on se pressait pour l'entendre. Il se logea
auprès de moi ; nous ne nous quittions plus. Nous assis-
tâmes ensemble à une scène digne de ces temps d'infortune: Cléry[1], dernièrement débarqué, nous lut ses *Mémoires*
manuscrits. Qu'on juge de l'émotion d'un auditoire d'exilés,
écoutant le valet de chambre de Louis XVI raconter, témoin oculaire, les souffrances et la mort du prisonnier du
Temple! Le Directoire, effrayé des *Mémoires* de Cléry,
en publia une édition interpolée, dans laquelle il faisait
parler l'auteur comme un laquais, et Louis XVI comme
un portefaix: entre les turpitudes révolutionnaires, celle-
ci est peut-être une des plus sales.

---

1 Jean-Baptiste Cléry (1759–1809): his *Journal de ce qui est passé à la
Tour du Temple* was published in London, 1799.

UN PAYSAN VENDÉEN

M. du Theil[1], chargé des affaires de M. le comte d'Artois à Londres, s'était hâté de chercher Fontanes: celui ci me pria de le conduire chez l'agent des princes. Nous le trouvâmes environné de tous ces défenseurs du trône et de l'autel qui battaient les pavés de Piccadilly, d'une foule d'espions et de chevaliers d'industrie échappés de Paris sous divers noms et divers déguisements, et d'une nuée d'aventuriers belges, allemands, irlandais, vendeurs de contre-révolution. Dans un coin de cette foule était un homme de trente à trente-deux ans qu'on ne regardait point, et qui ne faisait lui-même attention qu'à une gravure de la mort du général Wolfe. Frappé de son air, je m'enquis de sa personne: un de mes voisins me répondit: "Ce n'est rien; c'est un paysan vendéen, porteur d'une lettre de ses chefs."

Cet homme, *qui n'était rien*, avait vu mourir Cathelineau, premier général de la Vendée et paysan comme lui; Bonchamps, en qui revivait Bayard; Lescure, armé d'un cilice non à l'épreuve de la balle; d'Elbée, fusillé dans un fauteuil, ses blessures ne lui permettant pas d'embrasser la mort debout; La Rochejaquelein, dont les patriotes ordonnèrent de *vérifier* le cadavre, afin de rassurer la Convention au milieu de ses victoires[2]. Cet homme, *qui n'était rien*, avait assisté à deux cents prises et reprises de villes, villages et redoutes, à sept cents actions particulières et à dix-sept batailles rangées; il avait combattu trois cent mille hommes de troupes réglées, six à sept cent mille réquisitionnaires et gardes nationaux; il avait aidé à enlever cent pièces de canon

1 Jean-François du Theil (c. 1760–1822).
2 Cathelineau, wounded during the attack on Nantes, died 14 July 1793. His successor d'Elbée, mortally wounded at Cholet 17 Oct. 1793, was captured afterwards and shot at Noirmoutier. Bonchamps died of his wounds at Cholet, the marquis de Lescure of his wounds at La Tremblaye (15 Oct. 1793). Larochejaquelein was killed at Nuaillé (Maine-et-Loire), 28 Jan. 1794, while pursuing the defeated republicans: his body was exhumed 9 March following by order of the republican general Turreau de Garambouville.

et cinquante mille fusils; il avait traversé les *colonnes infernales*, compagnies d'incendiaires commandées par des Conventionnels; il s'était trouvé au milieu de l'océan de feu qui, à trois reprises, roula ses vagues sur les bois de la Vendée; enfin, il avait vu périr trois cent mille Hercules de charrue, compagnons de ses travaux, et se changer en un désert de cendres cent lieues carrées d'un pays fertile.

Les deux Frances se rencontrèrent sur ce sol nivelé par elles. Tout ce qui restait de sang et de souvenir dans la France des Croisades lutta contre ce qu'il y avait de nouveau sang et d'espérances dans la France de la Révolution. Le vainqueur sentit la grandeur du vaincu. Turreau, général des républicains, déclarait que "les Vendéens seraient placés dans l'histoire au premier rang des peuples soldats." Un autre général écrivait à Merlin de Thionville[1]: "Des troupes qui ont battu de tels Français peuvent bien se flatter de battre tous les autres peuples." Les légions de Probus, dans leur chanson, en disaient autant de nos pères. Bonaparte appela les combats de la Vendée "des combats de géants."

Dans la cohue du parloir, j'étais le seul à considérer avec admiration et respect le représentant de ces anciens *Jacques* qui, tout en brisant le joug de leurs seigneurs, repoussaient, sous Charles V, l'invasion étrangère[2]: il me semblait voir un enfant de ces communes du temps de Charles VII[3], lesquelles, avec la petite noblesse de province, reconquirent pied à pied, de sillon en sillon, le sol de la France. Il avait l'air indifférent du sauvage; son regard était grisâtre et inflexible comme une verge de fer; sa lèvre inférieure tremblait sur ses dents serrées; ses cheveux descendaient de sa tête en serpents engourdis,

---

1 Antoine-Christophe Merlin (1762–1833), deputy for Thionville in the national convention, distinguished as Merlin de Thionville from Philippe-Antoine Merlin (1754–1838), deputy for Douai and afterwards one of the directory, who is called Merlin de Douai.

2 Jacques Bonhomme, the nickname given to the French peasant, was the origin of the name *Jacquerie*, applied to the peasant revolt of 1358, which preceded the successes of Charles V (1364–80) over the English.

3 1436–61.

mais prêts à se redresser; ses bras, pendant à ses côtés, donnaient une secousse nerveuse à d'énormes poignets tailladés de coups de sabre; on l'aurait pris pour un scieur de long. Sa physionomie exprimait une nature populaire, rustique, mise, par la puissance des mœurs, au service d'intérêts et d'idées contraires à cette nature; la fidélité native du vassal, la simple foi du chrétien, s'y mêlaient à la rude indépendance plébeienne accoutumée à s'estimer et à se faire justice. Le sentiment de sa liberté paraissait n'être en lui que la conscience de la force de sa main et de l'intrépidité de son cœur. Il ne parlait pas plus qu'un lion; il se grattait comme un lion, bâillait comme un lion, se mettait sur le flanc comme un lion ennuyé, et rêvait apparemment de sang et de forêts.

Quels hommes dans tous les partis que les Français d'alors, et quelle race aujourd'hui nous sommes! Mais les républicains avaient leur principe en eux, au milieu d'eux, tandis que le principe des royalistes était hors de France. Les Vendéens députaient vers les exilés; les géants envoyaient demander des chefs aux pygmées. L'agreste messager que je contemplais avait saisi la Révolution à la gorge, il avait crié: "Entrez; passez derrière moi; elle ne vous fera aucun mal; elle ne bougera pas; je la tiens." Personne ne voulut passer: alors Jacques Bonhomme relâcha la Révolution, et Charette brisa son épée[1].

PROMENADES AVEC FONTANES

Tandis que je faisais ces réflexions à propos de ce laboureur, comme j'en avais fait d'une autre sorte à la vue de Mirabeau et de Danton[2], Fontanes obtenait une audience particulière de celui qu'il appelait plaisamment le *contrôleur général des finances*: il en sortit fort satisfait, car M. du Theil avait promis d'encourager la publication de mes ouvrages, et Fontanes ne pensait qu'à moi. Il

1 François-Athanase Charette, the guerilla general of the Chouans, was taken prisoner by Hoche and executed at Nantes, March 1796.
2 See *M. d'O.-T.* I, 285–90; II, 26–30.

n'était pas possible d'être meilleur homme: timide en ce qui le regardait, il devenait tout courage pour l'amitié; il me le prouva lors de ma démission à l'occasion de la mort du duc d'Enghien[1]. Dans la conversation il éclatait en colères littéraires risibles. En politique, il déraisonnait; les crimes conventionnels lui avaient donné l'horreur de la liberté. Il détestait les journaux, la philosophaillerie, l'idéologie, et il communiqua cette haine à Bonaparte, quand il s'approcha du maître de l'Europe.

Nous allions nous promener dans la campagne; nous nous arrêtions sous quelques-uns de ces larges ormes répandus dans les prairies. Appuyé contre le tronc de ces ormes, mon ami me contait son ancien voyage en Angleterre avant la Révolution, et les vers qu'il adressait alors à deux jeunes ladies, devenues vieilles à l'ombre des tours de Westminster; tours qu'il retrouvait debout comme il les avait laissées, durant qu'à leur base s'étaient ensevelies les illusions et les heures de sa jeunesse.

Nous dînions souvent dans quelque taverne solitaire à Chelsea, sur la Tamise, en parlant de Milton et de Shakespeare: ils avaient vu ce que nous voyions; ils s'étaient assis, comme nous, au bord de ce fleuve, pour nous fleuve étranger, pour eux fleuve de la patrie. Nous rentrions de nuit à Londres, aux rayons défaillants des étoiles, submergées l'une après l'autre dans le brouillard de la ville. Nous regagnions notre demeure, guidés par d'incertaines lueurs qui nous traçaient à peine la route à travers la fumée de charbon rougissant autour de chaque réverbère: ainsi s'écoule la vie du poète.

Nous vîmes Londres en détail: ancien banni, je servais de *cicerone* aux nouveaux réquisitionnaires de l'exil que la Révolution prenait, jeunes ou vieux: il n'y a point d'âge légal pour le malheur. Au milieu d'une de ces excursions, nous fûmes surpris d'une pluie mêlée de tonnerre et forcés de nous réfugier dans l'allée d'une chétive maison

1 Chateaubriand resigned his post of minister to the republic of the Valais after the murder of the duc d'Enghien (21 March 1804).

dont la porte se trouvait ouverte par hasard. Nous y rencontrâmes le duc de Bourbon: je vis pour la première fois, à ce Chantilly, un prince qui n'était pas encore le dernier des Condé[1].

Le duc de Bourbon, Fontanes et moi également proscrits, cherchant en terre étrangère, sous le toit du pauvre, un abri contre le même orage! *Fata viam invenient.*

Fontanes fut rappelé en France. Il m'embrassa en faisant des vœux pour notre prochaine réunion. Arrivé en Allemagne, il m'écrivit la lettre suivante:

"28 juillet 1798.

"Si vous avez senti quelques regrets à mon départ de Londres, je vous jure que les miens n'ont pas été moins réels. Vous êtes la seconde personne à qui, dans le cours de ma vie, j'aie trouvé une imagination et un cœur à ma façon. Je n'oublierai jamais les consolations que vous m'avez fait trouver dans l'exil et sur une terre étrangère. Ma pensée la plus chère et la plus constante, depuis que je vous ai quitté, se tourne sur les. *Natchez.* Ce que vous m'en avez lu, et surtout dans les derniers jours, est admirable, et ne sortira plus de ma mémoire. Mais le charme des idées poétiques que vous m'avez laissées a disparu un moment à mon arrivée en Allemagne.

"Les plus affreuses nouvelles de France ont succédé à celles que je vous avais montrées en vous quittant[2]. J'ai été cinq ou six jours dans les plus cruelles perplexités. Je craignais même des persécutions contre ma famille. Mes terreurs sont aujourd'hui fort diminuées. Le mal même n'a été que fort léger; on menace plus qu'on ne frappe, et ce n'était pas à ceux de ma *date* qu'en voulaient

1 Louis-Henri, duc de Bourbon (d. 1830), father of the l uc d'Enghien, and son of Joseph-Louis, prince de Condé (d. 1818). The house of Condé, the younger branch of the Bourbons, was descended from Louis, uncle of Henri IV. The château of Chantilly was their country seat.

2 Fontanes refers to the *coup d'état* of 22 floréal (11 May 1798), by which the directory endeavoured to sustain its waning influence in the *corps législatif.*

les exterminateurs. Le dernier courrier m'a porté des assurances de paix et de bonne volonté. Je puis continuer ma route, et je vais me mettre en marche dès les premiers jours du mois prochain. Mon séjour sera fixé près de la forêt de Saint-Germain, entre ma famille, la Grèce et mes livres, que ne puis-je dire aussi les *Natchez*! L'orage inattendu qui vient d'avoir lieu à Paris est causé, j'en suis sûr, par l'étourderie des agents et des chefs que vous connaissez. J'en ai la preuve évidente entre les mains. D'après cette certitude, j'écris *Great-Pulteney-street* (rue où demeurait M. du Theil), avec toute la politesse possible, mais aussi avec tous les ménagements qu'exige la prudence. Je veux éviter toute correspondance au moins prochaine, et je laisse dans le plus grand doute sur le parti que je dois prendre et sur le séjour que je veux choisir.

" Au reste, je parle encore de vous avec l'accent de l'amitié, et je souhaite du fond du cœur que les espérances d'utilité qu'on peut fonder sur moi réchauffent les bonnes dispositions qu'on m'a témoignées à cet égard, et qui sont si bien dues à votre personne et à vos grands talents. Travaillez, travaillez, mon cher ami, devenez illustre. Vous le pouvez: l'avenir est à vous. J'espère que la parole si souvent donnée par le *contrôleur général des finances* est au moins acquittée en partie[1]. Cette partie me console, car je ne puis soutenir l'idée qu'un bel ouvrage est arrêté faute de quelques secours. Écrivez-moi; que nos cœurs communiquent, que nos muses soient toujours amies. Ne doutez pas que, lorsque je pourrai me promener librement dans ma patrie, je ne vous y prépare une ruche et des fleurs à côté des miennes. Mon attachement est inaltérable. Je serai seul tant que je ne serai point auprès de vous. Parlez-moi de vos travaux. Je veux vous réjouir en finissant: j'ai fait la moitié d'un

---

1 For Chateaubriand's answer to Fontanes, see appendices to *M. d'O.-T.* II, 552-4. His letter, dated 15 Aug. 1798, shows that du Theil had not kept his promise.

nouveau chant sur les bords de l'Elbe, et j'en suis plus content que de tout le reste.

"Adieu, je vous embrasse tendrement, et suis votre ami.

" FONTANES."

Fontanes m'apprend qu'il faisait des vers en changeant d'exil. On ne peut jamais tout ravir au poète; il emporte avec lui sa lyre. Laissez au cygne ses ailes; chaque soir, des fleuves inconnus répéteront les plaintes mélodieuses qu'il eût mieux aimé faire entendre à l'Eurotas.

L'avenir est à vous: Fontanes disait-il vrai? Dois-je me féliciter de sa prédiction? Hélas! cet avenir annoncé est déjà passé: en aurai-je un autre?

Cette première et affectueuse lettre du premier ami que j'aie compté dans ma vie, et qui depuis la date de cette lettre a marché vingt-trois ans à mes côtés, m'avertit douloureusement de mon isolement progressif. Fontanes n'est plus; un chagrin profond, la mort tragique d'un fils, l'a jeté dans la tombe avant l'heure. Presque toutes les personnes dont j'ai parlé dans ces *Mémoires* ont disparu; c'est un registre obituaire que je tiens. Encore quelques années, et moi, condamné à cataloguer les morts, je ne laisserai personne pour inscrire mon nom au livre des absents.

Mais s'il faut que je reste seul, si nul être qui m'aima ne demeure après moi pour me conduire à mon dernier asile, moins qu'un autre j'ai besoin de guide: je me suis enquis du chemin, j'ai étudié les lieux où je dois passer, j'ai voulu voir ce qui arrive au dernier moment. Souvent, au bord d'une fosse dans laquelle on descendait une bière avec des cordes, j'ai entendu le râlement de ces cordes; ensuite, j'ai ouï le bruit de la première pelletée de terre tombant sur la bière: à chaque nouvelle pelletée, le bruit creux diminuait; la terre, en comblant la sépulture, faisait peu à peu monter le silence éternel à la surface du cercueil.

Fontanes! vous m'avez écrit: *Que nos muses soient toujours amies*; vous ne m'avez pas écrit en vain.

LIVRE IX

> Alloquar? audiero nunquam tua verba loquentem?
> Nunquam ego te, vita frater amabilior,
> Aspiciam posthac? at, certe, semper amabo[1]?

"Ne te parlerai-je plus? jamais n'entendrai-je tes
paroles? Jamais, frère plus aimable que la vie, ne te
verrai-je? Ah! toujours je t'aimerai!"

Je viens de quitter un ami, je vais quitter une mère : il
faut toujours répéter les vers que Catulle adressait à son
frère. Dans notre vallée de larmes, ainsi qu'aux enfers,
il est je ne sais quelle plainte éternelle, qui fait le fond ou
la note dominante des lamentations humaines; on l'entend
sans cesse, et elle continuerait quand toutes les douleurs
créées viendraient à se taire.

Une lettre de Julie[2], que je reçus peu de temps après
celle de Fontanes, confirmait ma triste remarque sur mon
isolement progressif : Fontanes m'invitait à *travailler, à*

---

1 Catullus, carm. LXV, 9–11.
2 Mme de Farcy : see note 1 on p. 42 above.

devenir illustre; ma sœur m'engageait à *renoncer à écrire*; l'un me proposait la gloire, l'autre l'oubli. Vous avez vu dans l'histoire de madame de Farcy qu'elle était dans ce train d'idées; elle avait pris la littérature en haine, parce qu'elle la regardait comme une des tentations de sa vie.

"Saint-Servan[1], 1er juillet 1798.

"Mon ami, nous venons de perdre la meilleure des méres; je t'annonce à regret ce coup funeste. Quand tu cesseras d'être l'objet de nos sollicitudes, nous aurons cessé de vivre. Si tu savais combien de pleurs tes erreurs ont fait répandre à notre respectable mère, combien elles paraissent déplorables à tout ce qui pense et fait profession non-seulement de piété, mais de raison; si tu le savais, peut-être cela contribuerait-il à t'ouvrir les yeux, à te faire renoncer à écrire; et si le ciel, touché de nos vœux, permettait notre réunion, tu trouverais au milieu de nous tout le bonheur qu'on peut goûter sur la terre; tu nous donnerais ce bonheur, car il n'en est point pour nous tandis que tu nous manques et que nous avons lieu d'être inquiètes de ton sort."

Ah! que n'ai-je suivi le conseil de ma sœur! Pourquoi ai-je continué d'écrire? Mes écrits de moins dans mon siécle, y aurait-il eu quelque chose de changé aux événements et à l'esprit de ce siècle?

Ainsi, j'avais perdu ma mère; ainsi, j'avais affligé l'heure suprême de sa vie! Tandis qu'elle rendait le dernier soupir loin de son dernier fils, en priant pour lui, que faisais-je à Londres! Je me promenais peut-être par une fraîche matinée, au moment où les sueurs de la mort couvraient le front maternel et n'avaient pas ma main pour les essuyer!

La tendresse filiale que je conservais pour madame de Chateaubriand était profonde. Mon enfance et ma jeunesse se liaient intimement au souvenir de ma mère. L'idée d'avoir empoisonné les vieux jours de la femme qui me porta dans ses entrailles me désespéra: je jetai au

[1] Saint-Servan is on the south side of the harbour of Saint-Malo.

feu avec horreur des exemplaires de l'*Essai*, comme l'instrument de mon crime; s'il m'eût été possible d'anéantir l'ouvrage, je l'aurais fait sans hésiter. Je ne me remis de ce trouble que lorsque la pensée m'arriva d'expier mon premier ouvrage par un ouvrage religieux: telle fut l'origine du *Génie du christianisme*.

"Ma mère," ai-je dit dans la première préface de cet ouvrage, "après avoir été jetée à soixante-douze ans[1] dans des cachots où elle vit périr une partie de ses enfants, expira enfin sur un grabat, où ses malheurs l'avaient reléguée. Le souvenir de mes égarements répandit sur ses derniers jours une grande amertume; elle chargea, en mourant, une de mes sœurs de me rappeler à cette religion dans laquelle j'avais été élevé. Ma sœur me manda le dernier vœu de ma mère. Quand la lettre me parvint au delà des mers, ma sœur elle-même n'existait plus; elle était morte aussi des suites de son emprisonnement[2]. Ces deux voix sorties du tombeau, cette mort qui servait d'interprète à la mort, m'ont frappé. Je suis devenu chrétien. Je n'ai point cédé, j'en conviens, à de grandes lumières surnaturelles: ma conviction est sortie du cœur; j'ai pleuré et j'ai cru."

Je m'exagérais ma faute; l'*Essai* n'était pas un livre impie, mais un livre de doute et de douleur. A travers les ténèbres de cet ouvrage, se glisse un rayon de la lumière chrétienne qui brilla sur mon berceau. Il ne fallait pas un grand effort pour revenir du scepticisme de l'*Essai* à la certitude du *Génie du christianisme*.

Lorsque après la triste nouvelle de la mort de madame de Chateaubriand, je me résolus à changer subitement de voie, le titre de *Génie du christianisme* que je trouvai sur-le-champ m'inspira; je me mis à l'ouvrage; je tra-

---

1 Chateaubriand's mother was 67 at the time of her imprisonment: she died 31 May 1798, at the beginning of her seventy-third year.

2 She died 26 July 1799: as Chateaubriand says that he received the letter a little after that of Fontanes, which he answered in August 1798, his memory was obviously at fault.

vaillai avec l'ardeur d'un fils qui bâtit un mausolée à sa mère. Mes matériaux étaient dégrossis et rassemblés de longue main par mes précédentes études. Je connaissais les ouvrages des Pères mieux qu'on ne les connaît de nos jours; je les avais étudiés même pour les combattre, et entré dans cette route à mauvaise intention, au lieu d'en être sorti vainqueur, j'en étais sorti vaincu.

Quant à l'histoire proprement dite, je m'en étais spécialement occupé en composant l'*Essai sur les Révolutions*. Les authentiques de Camden que je venais d'examiner m'avaient rendu familières les mœurs et les institutions du moyen âge. Enfin mon terrible manuscrit des *Natchez*, de deux mille trois cent quatre-vingt-treize pages in-folio, contenait tout ce dont le *Génie du christianisme* avait besoin en descriptions de la nature; je pouvais prendre largement dans cette source, comme j'y avais déjà pris pour l'*Essai*.

J'écrivis la première partie du *Génie du christianisme*. MM. Dulau[1], qui s'étaient faits libraires du clergé français émigré, se chargèrent de la publication. Les premières feuilles du premier volume furent imprimées.

L'ouvrage ainsi commencé à Londres en 1799 ne fut achevé à Paris qu'en 1802: voyez les différentes préfaces du *Génie du christianisme*. Une espèce de fièvre me dévora pendant tout le temps de ma composition: on ne saura jamais ce que c'est que de porter à la fois dans son cerveau, dans son sang, dans son âme, *Atala* et *René*, et de mêler à l'enfantement douloureux de ces brûlants jumeaux le travail de conception des autres parties du *Génie du christianisme*. Le souvenir de Charlotte traversait et réchauffait tout cela, et, pour m'achever, le premier désir de gloire enflammait mon imagination exaltée.

1 M. A. Dulau, the founder of the house of foreign booksellers now in Margaret street, was an ex-Benedictine educated at the college of Sorèze (Tarn). His uncle, Jean-Marie Dulau, archbishop of Arles, was a victim of the September massacres. Dulau's first place of business was in Wardour street.

Ce désir me venait de la tendresse filiale ; je voulais un grand bruit, afin qu'il montât jusqu'au séjour de ma mère, et que les anges lui portassent ma sainte expiation.

Comme une étude mène à une autre, je ne pouvais m'occuper de mes scolies françaises sans tenir note de la littérature et des hommes du pays au milieu duquel je vivais : je fus entraîné dans ces autres recherches. Mes jours et mes nuits se passaient à lire, à écrire, à prendre d'un savant prêtre, l'abbé Capelan, des leçons d'hébreu, à consulter les bibliothèques et les gens instruits, à rôder dans les campagnes avec mes opiniâtres rêveries, à recevoir et à rendre des visites. S'il est des effets rétroactifs et symptomatiques des événements futurs, j'aurais pu augurer le mouvement et le fracas de l'ouvrage qui devait me faire un nom aux bouillonnements de mes esprits et aux palpitations de ma muse.

Quelques lectures de mes premières ébauches servirent à m'éclairer. Les lectures sont excellentes comme instruction, lorsqu'on ne prend pas pour argent comptant les flagorneries obligées. Pourvu qu'un auteur soit de bonne foi, il sentira vite, par l'impression instinctive des autres, les endroits faibles de son travail, et surtout si ce travail est trop long ou trop court, s'il garde, ne remplit pas, ou dépasse la juste mesure.

Je retrouve une lettre du chevalier de Panat sur les lectures d'un ouvrage, alors si inconnu. La lettre est charmante : l'esprit positif et moqueur du sale chevalier ne paraissait pas susceptible de se frotter ainsi de poésie. Je n'hésite pas à donner cette lettre, document de mon histoire, bien qu'elle soit entachée d'un bout à l'autre de mon éloge, comme si le malin auteur se fût complu à verser son encrier sur son épître :

"Ce lundi.

"Mon Dieu ! l'intéressante lecture que j'ai due ce matin à votre extrême complaisance ! Notre religion avait compté parmi ses défenseurs de grands génies, d'illustres Pères de l'Église : ces athlètes avaient manié avec vigueur toutes les armes du raisonnement; l'incrédulité était vaincue; mais ce n'était pas assez: il fallait montrer encore tous les charmes de cette religion admirable; il fallait montrer combien elle est appropriée au cœur humain et les magnifiques tableaux qu'elle offre à l'imagination. Ce n'est plus un théologien dans l'école, c'est le grand peintre et l'homme sensible qui s'ouvrent un nouvel horizon. Votre ouvrage manquait et vous étiez appelé à le faire. La nature vous a éminemment doué des belles qualités qu'il exige: vous appartenez à un autre siècle...

" Ah ! si les vérités de sentiment sont les premières dans l'ordre de la nature, personne n'aura mieux prouvé que vous celles de notre religion; vous aurez confondu à la porte du temple les impies, et vous aurez introduit dans le sanctuaire les esprits délicats et les cœurs sensibles. Vous me retracez ces philosophes anciens qui donnaient leurs leçons la tête couronnée de fleurs et les mains remplies de doux parfums. C'est une bien faible image de votre esprit si doux, si pur et si antique.

" Je me félicite chaque jour de l'heureuse circonstance qui m'a rapproché de vous; je ne puis plus oublier que c'est un bienfait de Fontanes; je l'en aime davantage, et mon cœur ne séparera jamais deux noms que la même gloire doit unir, si la Providence nous ouvre les portes de notre patrie.

" Ch^{er} DE PANAT."

L'abbé Delille entendit aussi la lecture de quelques fragments du *Génie du christianisme*. Il parut surpris, et il me fit l'honneur, peu après, de rimer la prose qui lui avait plu. Il naturalisa mes fleurs sauvages de l'Amérique dans ses divers jardins français[1], et mit refroidir mon vin un peu chaud dans l'eau frigide de sa claire fontaine.

L'édition inachevée du *Génie du christianisme*, commencée à Londres, différait un peu, dans l'ordre des

---

1 For Delille see note 5 on p. 40 above. His chief poem, *Les Jardins*, was descriptive of various gardens which he had visited: he amplified the second edition with allusions to gardens seen during his emigration in England and Germany.

matières, de l'édition publiée en France. La censure consulaire, qui devint bientôt impériale, se montrait fort chatouilleuse à l'endroit des rois: leur personne, leur honneur et leur vertu lui étaient chers d'avance. La police de Fouché[1] voyait déjà descendre du ciel, avec la fiole sacrée, le pigeon blanc, symbole de la candeur de Bonaparte et de l'innocence révolutionnaire. Les sincères croyants des processions républicaines de Lyon[2] me forcèrent de retrancher un chapitre intitulé les *Rois athées*, et d'en disséminer çà et là les paragraphes dans le corps de l'ouvrage.

Avant de continuer ces investigations littéraires, il me les faut interrompre un moment pour prendre congé de mon oncle de Bedée: hélas! c'est prendre congé de la première joie de ma vie: "*freno non remorante dies*[3], aucun frein n'arrête les jours." Voyez les vieux sépulcres dans les vieilles cryptes: eux-mêmes vaincus par l'âge, caducs et sans mémoire, ayant perdu leurs épitaphes, ils ont oublié jusqu'aux noms de ceux qu'ils renferment.

J'avais écrit à mon oncle au sujet de la mort de ma mère; il me répondit par une longue lettre, dans laquelle on trouvait quelques mots touchants de regrets; mais les trois quarts de sa double feuille in-folio étaient consacrés à ma généalogie. Il me recommandait surtout, quand je rentrerais en France, de rechercher les titres du *quartier*

---

1 Jean Fouché, minister of police under the directory, first consulate and empire, created duc d'Otrante by Napoleon. His restoration to office by Louis XVIII was deplored by Chateaubriand, who attacked the character of this ex-conventional, the chief agent of Napoleon's system of *espionnage* in *La Monarchie selon la Charte*. See *M. d'O.-T.* IV, 57, for the striking picture of Chateaubriand's encounter with Fouché at Saint-Denis, where the regicide swore allegiance to Louis XVIII: 'Tout à coup une porte s'ouvre; entre silencieusement le vice appuyé sur le bras de la crime, M. de Talleyrand marchant soutenu par M. Fouché,' etc.

2 Fouché had distinguished himself by his crimes at Lyon during the Terror, when the city was formally doomed to destruction for its royalist sympathies and its name changed to *Commune affranchie* (see p. 44).

3 Ovid, *Fasti* VI, 772.

des Bedée, confié à mon frère[1]. Ainsi, pour ce vénérable émigré, ni l'exil, ni la ruine, ni la destruction de ses proches, ni le sacrifice de Louis XVI, ne l'avertissaient de la Révolution; rien n'avait passé, rien n'était advenu; il en était toujours aux États de Bretagne et à l'Assemblée de la noblesse. Cette fixité de l'idée de l'homme est bien frappante au milieu et comme en présence de l'altération de son corps, de la fuite de ses années, de la perte de ses parents et de ses amis.

Au retour de l'émigration, mon oncle de Bedée s'est retiré à Dinan, où il est mort, à six lieues de Monchoix sans l'avoir revu. Ma cousine Caroline, l'aînée de mes trois cousines, existe encore[2]. Elle est restée vieille fille malgré les sommations respectueuses de son ancienne jeunesse. Elle m'écrit des lettres sans orthographe, où elle me tutoie, m'appelle *chevalier,* et me parle de notre bon temps: *in illo tempore.* Elle était nantie de deux beaux yeux noirs et d'une jolie taille; elle dansait comme la Camargo[3], et elle croit avoir souvenance que je lui portais en secret un farouche amour. Je lui réponds sur le même ton, mettant de côté, à son exemple, mes ans, mes honneurs et ma renommée: "Oui, *chère Caroline,* ton chevalier, etc." Il y a bien quelque six ou sept lustres que nous ne nous sommes rencontrés: le ciel en soit loué! car, Dieu sait, si nous venions à nous embrasser, quelle figure nous nous trouverions!

Douce, patriarcale, innocente, honorable amitié de famille, votre siècle est passé! On ne tient plus au sol par une multitude de fleurs, de rejetons et de racines; on naît et l'on meurt maintenant un à un. Les vivants sont pressés de jeter le défunt à l'Éternité et de se débarrasser de son cadavre. Entre les amis, les uns vont attendre le cercueil à l'église, en grommelant d'être désheurés et dérangés de leurs habitudes; les autres poussent le

1 Chateaubriand's brother quartered the maternal arms of Bedée in his shield.
2 Near Plancoët (Côtes-du-Nord). She died at Dinan 28 April 1849.
3 Marie-Anne Cuppé (1710–70), celebrated operatic dancer.

dévouement jusqu'à suivre le convoi au cimetière; la fosse comblée, tout souvenir est effacé. Vous ne reviendrez plus, jours de religion et de tendresse, où le fils mourait dans la même maison, dans le même fauteuil, près du même foyer où étaient morts son père et son aïeul, entouré, comme ils l'avaient été, d'enfants et de petits-enfants en pleurs, sur qui descendait la dernière bénédiction paternelle!

Adieu, mon oncle chéri! Adieu, famille maternelle, qui disparaissez ainsi que l'autre partie de ma famille! Adieu, ma cousine de jadis, qui m'aimez toujours comme vous m'aimiez lorsque nous écoutions ensemble la complainte de notre bonne tante de Boisteilleul sur l'*Épervier*, ou lorsque vous assistiez au relèvement du vœu de ma nourrice, à l'abbaye de Nazareth[1]! Si vous me survivez, agréez la part de reconnaissance et d'affection que je vous lègue ici. Ne croyez pas au faux sourire ébauché sur mes lèvres en parlant de vous: mes yeux, je vous assure, sont pleins de larmes.

Mes études corrélatives au *Génie du christianisme* m'avaient de proche en proche (je vous l'ai dit) conduit à un examen plus approfondi de la littérature anglaise. Lorsqu'en 1793 je me réfugiai en Angleterre, il me fallut réformer la plupart des jugements que j'avais puisés dans les critiques. En ce qui touche les historiens, Hume était réputé écrivain tory et rétrograde: on l'accusait, ainsi que Gibbon, d'avoir surchargé la langue anglaise de gallicismes; on lui préférait son continuateur

---

1 See *M. d'O.-T.* 1, 32-3, 37-41. Chateaubriand's great-aunt lived in l'Abbaye, the part of Plancoët which had belonged to the friary of Notre-Dame-de-Nazareth, with his grandmother. Her song as she sat knitting, ' Une épervier aimait une fauvette,' had the refrain, alluding to her faithless lover,

Ah! Trémigon, la fable est-elle obscure?
Ture-lure.

At the age of seven Chateaubriand was relieved in the friary church of his foster-mother's vow to its patroness, in fulfilment of which he had been dressed in blue and white.

Smollett[1]. Philosophe pendant sa vie, devenu chrétien à sa mort[2], Gibbon demeurait, en cette qualité, atteint et convaincu d'être un pauvre homme. On parlait encore de Robertson[3], parce qu'il était sec.

Pour ce qui regarde les poètes, les *elegant Extracts* servaient d'exil à quelques pièces de Dryden; on ne pardonnait point aux rimes de Pope, bien qu'on visitât sa maison à Twickenham et que l'on coupât des morceaux du saule pleureur planté par lui, et dépéri comme sa renommée.

Blair[4] passait pour un critique ennuyeux à la française: on le mettait bien au-dessous de Johnson. Quant au vieux *Spectator*, il était au grenier.

Les ouvrages politiques anglais ont peu d'intérêt pour nous. Les traités économiques sont moins circonscrits; les calculs sur la richesse des nations[5], sur l'emploi des capitaux, sur la balance du commerce, s'appliquent en partie aux sociétés européennes.

Burke sortait de l'individualité nationale politique: en se déclarant contre la Révolution française, il entraîna son pays dans cette longue voie d'hostilités qui aboutit aux champs de Waterloo.

Toutefois, de grandes figures demeuraient. On retrouvait partout Milton et Shakespeare. Montmorency, Biron, Sully, tour à tour ambassadeurs de France auprès d'Élisabeth et de Jacques I[er][6], entendirent-ils jamais

1 The first two volumes of Hume's history (1754-61), dealing with the period 1603-88, were continued by Smollett, while Hume pursued his work backwards.

2 Although Gibbon, on the authority of lord Sheffield, 'expressed an high opinion' of the archbishop of Canterbury a few weeks before his death, his conversion to Christianity does not seem to have gone further.

3 William Robertson (1721-93), principal of Edinburgh university 1762-92; the historian of Scotland, America and Charles V.

4 Hugh Blair (1718-1800), author of much admired sermons which are elegant specimens of the art of rhetoric which he professed at Edinburgh.

5 Adam Smith's *Wealth of Nations* was published in 1766.

6 François, duc de Montmorency, was ambassador to England in 1572. Charles, duc de Biron, executed 1602: his conspiracy and death form the subjects of two plays by George Chapman. Maximilien de Béthune, duc de Sully (1560-1641), was Henri IV's famous minister.

parler d'un baladin, acteur dans ses propres farces et
dans celles des autres? Prononcèrent-ils jamais le nom,
si barbare en français, de Shakespeare? Soupçonnèrent-
ils qu'il y eût là une gloire devant laquelle leurs honneurs,
leurs pompes, leurs rangs, viendraient s'abîmer? Eh bien!
le comédien chargé du rôle du spectre, dans *Hamlet*,
était le grand fantôme, l'ombre du moyen âge qui se levait
sur le monde, comme l'astre de la nuit, au moment où le
moyen âge achevait de descendre parmi les morts: siècles
énormes que Dante ouvrit et que ferma Shakespeare.

Dans le *Précis historique* de Whitelocke[1], contemporain
du chantre du *Paradise perdu*, on lit: "Un certain aveugle,
nommé Milton, secrétaire du Parlement pour les dépêches
latines." Molière, l'*histrion*, jouait son *Pourceaugnac*, de
même que Shakespeare, le *bateleur*, grimaçait son *Falstaff*[2].

Ces voyageurs voilés, qui viennent de fois à autre
s'asseoir à notre table, sont traités par nous en hôtes
vulgaires; nous ignorons leur nature jusqu'au jour de leur
disparition. En quittant la terre, ils se transfigurent, et
nous disent comme l'envoyé du ciel à Tobie: "Je suis
l'un des sept qui sommes présents devant le Seigneur[3]."
Mais si elles sont méconnues des hommes à leur passage,
ces divinités ne se méconnaissent point entre elles.
"Qu'a besoin mon Shakespeare, dit Milton, pour ses os
vénérés, de pierres entassées par le travail d'un siècle[4]?"
Michel-Ange, enviant le sort et le génie de Dante, s'écrie:

Pur fuss' io tal...
Per l' aspro esilio suo con sua virtute
Darei del mondo più felice stato[5].

1 *Memorials of English Affairs*, by Bulstrode Whitelocke (1605–75), were
published posthumously in 1682.
2 Molière, who took many famous *rôles* in his own plays, acted the part
of Monsieur de Pourceaugnac, a foolish provincial who comes to Paris and
has many surprising adventures, at the Palais-Royal 15 Nov. 1669. There
is no secure evidence that Shakespeare played the parts traditionally
attributed to him.
3 See Tobit XII, 15.
4 'What needs my Shakespear for his honour'd bones,' etc.
5 Michel Angelo, sonnet XXXI.

"Que n'ai-je été tel que lui! Pour son dur exil avec sa vertu, je donnerais toutes les félicités de la terre!"

Le Tasse célèbre Camoëns encore presque ignoré, et lui sert de *renommée*[1]. Est-il rien de plus admirable que cette société d'illustres égaux se révélant les uns aux autres par des signes, se saluant et s'entretenant ensemble dans une langue d'eux seuls comprise?

Shakespeare était-il boiteux comme lord Byron, Walter Scott et les Prières, filles de Jupiter? S'il l'était en effet, le *Boy* de Stratford, loin d'être honteux de son infirmité, ainsi que Childe-Harold, ne craint pas de la rappeler à l'une de ses maîtresses :

......lame by fortune's dearest spite[2].

"Boiteux par la moquerie la plus chère de la fortune."

Shakespeare aurait eu beaucoup d'amours, si l'on en comptait un par sonnet. Le créateur de Desdémone et de Juliette vieillissait sans cesse s'être amoureux. La femme inconnue à laquelle il s'adresse en vers charmants était-elle fière et heureuse d'être l'objet des sonnets de Shakespeare? On peut en douter : la gloire est pour un vieil homme ce que sont les diamants pour une vieille femme ; ils la parent et ne peuvent l'embellir.

"Ne pleurez pas longtemps pour moi quand je serai mort, dit le tragique anglais à sa maîtresse. Si vous lisez ces mots, ne vous rappelez pas la main qui les a tracés ; je vous aime tant que je veux être oublié dans vos doux souvenirs, si en pensant à moi vous pouviez être malheureuse. Oh ! si vous jetez un regard sur ces lignes, quand peut-être je ne serai plus qu'une masse d'argile, ne redites pas même mon pauvre nom, et laissez votre amour se faner avec ma vie[3]."

Shakespeare aimait, mais il ne croyait pas plus à l'amour qu'il ne croyait à autre chose : une femme pour lui était un oiseau, une brise, une fleur, chose qui charme

---

1 Tasso, in his sonnet 'Vasco, le cui felici ardite antenne,' says that Vasco da Gama's claim to renown is enhanced by the *Lusiad* of Camoëns, the 'colto e buon Luigi.'

2 Shakespeare, sonnet XXXVII, 3.   3 *Ibid.* LXXI, 1, 4-12.

et passe. Par l'insouciance ou l'ignorance de 'sa renommée, par son état, qui le jetait à l'écart de la société, en dehors des conditions où il ne pouvait atteindre, il semblait avoir pris la vie comme une heure légère et désoccupée, comme un loisir rapide et doux.

Shakespeare, dans sa jeunesse, rencontra de vieux moines chassés de leur cloître, lesquels avaient vu Henri VIII, ses réformes, ses destructions de monastères, ses *fous*, ses épouses, ses maîtresses, ses bourreaux. Lorsque le poète quitta la vie, Charles Ier comptait seize ans.

Ainsi, d'une main, Shakespeare avait pu toucher les têtes blanchies que menaça le glaive de l'avant-dernier des Tudors, de l'autre, la tête brune du second des Stuarts, que la hache des parlementaires devait abattre. Appuyé sur ces fronts tragiques, le grand tragique s'enfonça dans la tombe ; il remplit l'intervalle des jours où il vécut de ses spectres, de ses rois aveugles, de ses ambitieux punis, de ses femmes infortunées, afin de joindre, par des fictions analogues, les réalités du passé aux réalités de l'avenir.

Shakespeare est au nombre des cinq ou six écrivains qui ont suffi aux besoins et à l'aliment de la pensée ; ces génies-mères semblent avoir enfanté et allaité tous les autres. Homère a fécondé l'antiquité: Eschyle, Sophocle, Euripide, Aristophane, Horace, Virgile, sont ses fils. Dante a engendré l'Italie moderne, depuis Pétrarque jusqu'au Tasse. Rabelais a créé les lettres françaises ; Montaigne, La Fontaine, Molière, viennent de sa descendance. L'Angleterre est toute Shakespeare, et, jusque dans ces derniers temps, il a prêté sa langue à Byron, son dialogue à Walter Scott.

On renie souvent ces maîtres suprêmes ; on se révolte contre eux ; on compte leurs défauts ; on les accuse d'ennui, de longueur, de bizarrerie, de mauvais goût, en les volant et en se parant de leurs dépouilles ; mais on se débat en vain sous leur joug. Tout tient de leurs couleurs ; partout s'impriment leurs traces; ils inventent des mots et des noms qui vont grossir le vocabulaire général des peuples; leurs expressions deviennent proverbes, leurs personnages fictifs se changent en personnages réels, lesquels ont hoirs et lignée. Ils ouvrent des horizons d'où jaillissent des faisceaux de lumière; ils sèment des idées, germes de mille autres; ils fournissent des imaginations, des sujets, des styles à tous les arts: leurs œuvres sont les mines ou les entrailles de l'esprit humain.

De tels génies occupent le premier rang; leur immensité, leur variété, leur fécondité, leur originalité, les font reconnaître tout d'abord pour lois, exemplaires, moules, types des diverses intelligences, comme il y a quatre ou cinq races d'hommes sorties d'une seule souche, dont les autres ne sont que des rameaux. Donnons-nous de garde d'insulter aux désordres dans lesquels tombent quelquefois ces êtres puissants; n'imitons pas Cham le maudit; ne rions pas si nous rencontrons, nu et endormi, à l'ombre de l'arche échouée sur les montagnes d'Arménie, l'unique et solitaire nautonier de l'abîme. Respectons ce navigateur diluvien qui recommença la création après l'épuisement des cataractes du ciel: pieux enfants, bénis de notre père, couvrons-le pudiquement de notre manteau.

Shakespeare, de son vivant, n'a jamais pensé à vivre après sa vie: que lui importe aujourd'hui mon cantique d'admiration? En admettant toutes les suppositions, en raisonnant d'après les vérités ou les erreurs dont l'esprit humain est pénétré ou imbu, que fait à Shakespeare une renommée dont le bruit ne peut monter jusqu'à lui? Chrétien? au milieu des félicités éternelles, s'occupe-t-il du néant du monde? Déiste? dégagé des ombres de la matière, perdu dans les splendeurs de Dieu, abaisse-t-il un regard sur le grain de sable où il a passé? Athée? il dort de ce sommeil sans souffle et sans réveil qu'on appelle la mort. Rien donc de plus vain que la gloire au delà du tombeau, à moins qu'elle n'ait fait vivre l'amitié, qu'elle n'ait été utile à la vertu, secourable au malheur, et qu'il ne nous soit donné de jouir dans le ciel d'une idée consolante, généreuse, libératrice, laissée par nous sur la terre.

Les romans, à la fin du siècle dernier, avaient été compris dans la proscription générale. Richardson dormait oublié ; ses compatriotes trouvaient dans son style des traces de la société inférieure au sein de laquelle il avait vécu. Fielding se soutenait ; Sterne, entrepreneur d'originalité, était passé. On lisait encore *le Vicaire de Wakefield*.

Si Richardson n'a pas de style (ce dont nous ne sommes pas juges, nous autres étrangers), il ne vivra pas, parce que l'on ne vit que par le style. En vain on se révolte contre cette vérité : l'ouvrage le mieux composé, orné de portraits d'une bonne ressemblance, rempli de mille autres perfections, est mort-né si le style manque. Le style, et il y en a de mille sortes, ne s'apprend pas ; c'est le don du ciel, c'est le talent. Mais si Richardson n'a été abandonné que pour certaines locutions bourgeoises, insupportables à une société élégante, il pourra renaître ; la révolution qui s'opère, en abaissant l'aristocratie et en élevant les classes moyennes, rendra moins sensibles ou fera disparaître les traces des habitudes de ménage et d'un langage inférieur.

De *Clarisse* et de *Tom Jones* sont sorties les deux principales branches de la famille des romans modernes anglais, les romans à tableaux de famille et drames domestiques, les romans à aventures et à peinture de la société générale. Après Richardson, les mœurs de l'*ouest* de la ville firent une irruption dans le domaine des fictions : les romans se remplirent de châteaux, de lords et de ladies, de scènes aux eaux, d'aventures aux courses de chevaux, au bal, à l'Opéra, au Ranelagh, avec un *chit-chat*, un caquetage qui ne finissait plus. La scène ne tarda pas à se transporter en Italie ; les amants traversèrent les Alpes avec des périls effroyables et des douleurs d'âme à attendrir les lions : *le lion répandit des pleurs !* un jargon de bonne compagnie fut adopté.

Dans ces milliers de romans qui ont inondé l'Angleterre depuis un demi-siècle, deux ont gardé leur place : *Caleb*

Williams et *le Moine*[1]. Je ne vis point Godwin pendant ma retraite à Londres ; mais je rencontrai deux fois Lewis. C'était un jeune membre des Communes, fort agréable, et qui avait l'air et les manières d'un Français[2]. Les ouvrages d'Anne Radcliffe font une espèce à part. Ceux de mistress Barbauld, de miss Edgeworth, de miss Burney, etc., ont, dit-on, des chances de vivre. "Il y devroit, dit Montaigne, avoir coertion des lois contre les *escrivains* ineptes et inutiles, comme il y a contre les vagabonds et fainéans. On banniroit des mains de notre peuple et moy et cent autres. L'escrivaillerie semble être quelque symptosme d'un siècle desbordé[3]."

Mais ces écoles diverses de romanciers sédentaires, de romanciers voyageurs en diligence ou en calèche, de romanciers de lacs et de montagnes, de ruines et de fantômes, de romanciers de villes et de salons, sont venues se perdre dans la nouvelle école de Walter Scott, de même que la poésie s'est précipitée sur les pas de lord Byron.

L'illustre peintre de l'Écosse débuta dans la carrière des lettres, lors de mon exil à Londres, par la traduction du *Berlichingen* de Gœthe[4]. Il continua à se faire connaître par la poésie, et la pente de son génie le conduisit enfin au roman. Il me semble avoir créé un genre faux ; il a perverti le roman et l'histoire : le romancier s'est mis à faire des romans historiques, et l'historien des histoires romanesques. Si, dans Walter Scott, je suis obligé de

1 *Caleb Williams* (1794), by William Godwin (1756–1836); *The Monk* (1795), by Matthew Gregory Lewis (1775–1818).

2 Lewis was M.P. for Hindon, Wilts., 1796–1802: see Lockhart, *Life of Scott*, ch. IX. Of the lady novelists mentioned, Miss Burney had published her earliest and best novel, *Evelina*, in 1778; Mrs Radcliffe's *Mysteries of Udolpho* appeared in 1794; Miss Edgeworth's first novels appeared soon after Chateaubriand's return to France. Although Mrs Barbauld wrote miscellaneous tales and edited a collection of British novelists, it is possible that Chateaubriand confused her with Mrs Inchbald, whose works of fiction had considerable vogue during his sojourn in England.

3 Montaigne, *Essais*, III, ix, 'De la Vanité.' He continues: 'Quand escrivismes nous tant, que depuis que nous sommes en trouble? quand les Romains tant, que lors de leur ruyne?'

4 Published in February 1799.

passer quelquefois des conversations interminables, c'est
ma faute, sans doute; mais un des grands mérites de
Walter Scott, à mes yeux, c'est de pouvoir être mis entre
les mains de tout le monde. Il faut de plus grands
efforts de talent pour intéresser en restant dans l'ordre
que pour plaire en passant toute mesure; il est moins
facile de régler le cœur que de le troubler.

Burke retint la politique de l'Angleterre dans le passé.
Walter Scott refoula les Anglais jusqu'au moyen âge:
tout ce qu'on écrivit, fabriqua, bâtit, fut gothique: livres,
meubles, maisons, églises, châteaux. Mais les lairds de
la Grande-Charte sont aujourd'hui des *fashionables* de
Bond-Street, race frivole qui campe dans les manoirs
antiques, en attendant l'arrivée des générations nouvelles
qui s'apprêtent à les en chasser.

En même temps que le roman passait à l'état *romantique*, la poésie subissait une transformation semblable.
Cowper abandonna l'école française pour faire revivre
l'école national; Burns, en Écosse, commença la même
révolution. Après eux vinrent les restaurateurs des
ballades. Plusieurs de ces poètes de 1792 à 1800 ap-
partenaient à ce qu'on appelait *Lake school* (nom qui est
resté), parce que les romanciers demeuraient aux bords
des lacs du Cumberland et du Westmoreland, et qu'ils
les chantaient quelquefois.

Thomas Moore, Campbell, Rogers, Crabbe, Wordsworth, Southey, Hunt[1], Knowles[2], lord Holland, Canning, Croker[3], vivent encore pour l'honneur des lettres
anglaises; mais il faut être né Anglais pour apprécier
tout le mérite d'un genre intime de composition qui se
fait particulièrement sentir aux hommes du sol[4].

Nul, dans une littérature vivante, n'est juge compétent
que des ouvrages écrits dans sa propre langue. En vain

1 Leigh Hunt.
2 James Sheridan Knowles (1784–1862), poetical dramatist.
3 The three politicians mentioned wrote satiric verse.
4 Chateaubriand does not appear to have taken account of Shelley, who
died in the year in which these words were written, or of Keats.

vous croyez posséder à fond un idiome étranger, le lait
de la nourrice vous manque, ainsi que les premières
paroles qu'elle vous apprit à son sein et dans vos langes;
certains accents ne sont que de la patrie. Les Anglais
et les Allemands ont de nos gens de lettres les notions
les plus baroques : ils adorent ce que nous méprisons, ils
méprisent ce que nous adorons; ils n'entendent ni Racine,
ni La Fontaine, ni même complètement Molière. C'est
à rire de savoir quels sont nos grands écrivains à Londres,
à Vienne, à Berlin, à Pétersbourg, à Munich, à Leipzig,
à Gœttingue, à Cologne, de savoir ce qu'on y lit avec
fureur et ce qu'on n'y lit pas.

Quand le mérite d'un auteur consiste spécialement
dans la diction, un étranger ne comprendra jamais bien ce
mérite. Plus le talent est intime, individuel, national, plus ses
mystères échappent à l'esprit qui n'est pas, pour ainsi dire,
compatriote de ce talent. Nous admirons sur parole les
Grecs et les Romains; notre admiration nous vient de
tradition, et les Grecs et les Romains ne sont pas là pour
se moquer de nos jugements de barbares. Qui de nous
se fait une idée de l'harmonie de la prose de Démosthène
et de Cicéron, de la cadence des vers d'Alcée et d'Horace,
telles qu'elles étaient saisies par une oreille grecque et
latine? On soutient que les beautés réelles sont de tous
les temps, de tous les pays : oui, les beautés de sentiment
et de pensée; non les beautés de style. Le style n'est
pas, comme la pensée, cosmopolite : il a une terre natale,
un ciel, un soleil à lui.

Burns, Mason[1], Cowper moururent pendant mon émigration à Londres, avant 1800 et en 1800; ils finissaient
le siècle; je le commençais. Darwin et Beattie moururent deux ans après mon retour de l'exil[2].

Beattie avait annoncé l'ère nouvelle de la lyre[3]. Le

1 William Mason, precentor of York and rector of Aston, near Sheffield,
the friend and biographer of Gray, died in 1797; Burns in 1796; Cowper
on 25 April 1800.

2 Erasmus Darwin died in 1802, Beattie in 1803.

3 *The Minstrel*, written in Spenserian stanza, was published in 1771 and
(book II) 1774. It owed much to the direct influence of Gray.

Minstrel, ou le *Progrès du génie,* est la peinture des premiers effets de la muse sur un jeune barde, lequel ignore encore le souffle dont il est tourmenté. Tantôt le poète futur va s'asseoir au bord de la mer pendant une tempête ; tantôt il quitte les jeux du village pour écouter à l'écart, dans le lointain, le son des musettes.

Beattie a parcouru la série entière des rêveries et des idées mélancoliques, dont cent autres poètes se sont crus les *discoverers.* Beattie se proposait de continuer son poème ; en effet, il en a écrit le second chant : Edwin entend un soir une voix grave s'élevant du fond d'une vallée ; c'est celle d'un solitaire qui, après avoir connu les illusions du monde, s'est enseveli dans cette retraite, pour y recueillir son âme et chanter les merveilles du Créateur. Cet ermite instruit le jeune *minstrel* et lui révèle le secret de son génie. L'idée était heureuse ; l'exécution n'a pas répondu au bonheur de l'idée. Beattie était destiné à verser des larmes ; la mort de son fils brisa son cœur paternel : comme Ossian après la perte de son Oscar, il suspendit sa harpe aux branches d'un chêne. Peut-être le fils de Beattie était-il ce jeune *minstrel* qu'un père avait chanté et dont il ne voyait plus les pas sur la montagne.

On retrouve dans les vers de lord Byron des imitations frappantes du *Minstrel* : à l'époque de mon exil en Angleterre, lord Byron habitait l'école de Harrow[1], dans un village à dix milles de Londres. Il était enfant, j'étais jeune et aussi inconnu que lui ; il avait été élevé sur les bruyères de l'Écosse, au bord de la mer, comme moi dans les landes de la Bretagne, au bord de la mer ; il aima d'abord la Bible et Ossian, comme je les aimai[2] ; il chanta dans Newstead-Abbey les souvenirs de l'enfance, comme je les chantai dans le château de Combourg[3] :

1 This is wrong : see note 1 on p. 27 above.
2 In the preface to his *Mélanges politiques et littéraires,* Chateaubriand gives specimens of his own versions of the imitations of Ossian by John Smith (1747–1807), the author of *Gaelic Antiquities.*
3 See *M. d'O.-T.* I, 142.

"Lorsque j'explorais, jeune montagnard, la noire bruyère,
et gravissais ta cime penchée, ô Morven couronné de
neige, pour m'ébahir au torrent qui tonnait au-dessous
de moi, ou aux vapeurs de la tempête qui s'amoncelaient
à mes pieds[1]...."

Dans mes courses aux environs de Londres, lorsque
j'étais si malheureux, vingt fois j'ai traversé le village de
Harrow, sans savoir quel génie il renfermait. Je me suis
assis dans le cimetière, au pied de l'orme sous lequel, en
1807, lord Byron écrivait ces vers, au moment où je
revenais de la Palestine[2]:

> Spot of my youth ! whose hoary branches sigh,
> Swept by the breeze that fans thy cloudless sky, etc.

"Lieu de ma jeunesse, où soupirent les branches che-
nues, effleurées par la brise qui rafraîchit ton ciel sans
nuage ! Lieu où je vague aujourd'hui seul, moi qui souvent ai foulé, avec ceux que j'aimais, ton gazon mol et
vert ; quand la destinée glacera ce sein qu'une fièvre
dévore, quand elle aura calmé les soucis et les passions;...
ici où il palpita, ici mon cœur pourra reposer. Puissé-je
m'endormir où s'éveillèrent mes espérances,...mêlé à la
terre où coururent mes pas,...pleuré de ceux qui furent
en société avec mes jeunes années, oublié du reste du
monde !"

Et moi je dirai : Salut, antique ormeau, au pied duquel
Byron enfant s'abandonnait aux caprices de son âge, alors
que je rêvais *René* sous ton ombre, sous cette même
ombre où plus tard le poète vint à son tour rêver *Childe-
Harold* ! Byron demandait au cimetière, témoin des
premiers jeux de sa vie, une tombe ignorée : inutile
prière que n'exaucera point la gloire. Cependant Byron
n'est plus ce qu'il a été ; je l'avais trouvé de toutes parts
vivant à Venise : au bout de quelques années, dans cette
même ville où je trouvais son nom partout, je l'ai retrouvé

---

1 'When I roved a young Highlander o'er the dark heath,' etc.
2 The verses bear date 2 Sept. 1807; Chateaubriand had returned from
the East in May.

effacé et inconnu partout[1]. Les échos du Lido ne le
répètent plus, et si vous le demandez à des Vénitiens, ils
ne savent plus de qui vous parlez. Lord Byron est entièrement mort pour eux; ils n'entendent plus les hennisse-
ments de son cheval : il en est de même à Londres, où sa
mémoire périt. Voilà ce que nous devenons.

Si j'ai passé à Harrow sans savoir que lord Byron
enfant y respirait, des Anglais ont passé à Combourg
sans se douter qu'un petit vagabond, élevé dans ces bois,
laisserait quelque trace. Le voyageur Arthur Young,
traversant Combourg, écrivait :

"Jusqu'à Combourg (de Pontorson) le pays a un aspect
sauvage ; l'agriculture n'y est pas plus avancée que chez
les Hurons, ce qui paraît incroyable dans un pays enclos ;
le peuple y est presque aussi sauvage que le pays, et la
ville de Combourg, une des places les plus sales et les
plus rudes que l'on puisse voir : des maisons de terre
sans vitres, et un pavé si rompu qu'il arrête les passagers,
mais aucune aisance.—Cependant il s'y trouve un château,
et il est même habité. Qui est ce M. de Chateaubriand,
propriétaire de cette habitation, qui a des nerfs assez forts
pour résider au milieu de tant d'ordures et de pauvreté ?
Au-dessous de cet amas hideux de misère est un beau lac
environné d'enclos bien boisés[2]."

Ce M. de Chateaubriand était mon père[3]; la retraite
qui paraissait si hideuse à l'agronome de mauvaise humeur
n'en était pas moins une belle et noble demeure, quoique
sombre et grave. Quant à moi, faible plant de lierre

1 This passage was evidently added by Chateaubriand during revision
and probably refers to his visit to Venice in Sept. 1833 (M. d'O.-T. VI,
230 sqq.). He does not seem to have been at Venice during the period of
Byron's fame, although he was at Verona in 1822 : he says (ibid. 229) that
he had not travelled from Verona to Venice since 1806. In 1828, when he
heard much about Byron at Ravenna (ibid. V, 12), he did not go to Venice.

2 See Young, Travels in France, ed. Betham-Edwards, p. 123.

3 Young visited Combourg 1 Sept. 1788, two years after the death of
Chateaubriand's father. Chateaubriand himself paid only three short visits
to Combourg after this period (M. d'O.-T. I, 166), so that the question at
the end of the paragraph may be answered in the negative. In 1791 he
found the château empty : his brother lived there but little.

commençant à grimper au pied de ces tours sauvages,
M. Young eût-il pu m'apercevoir, lui qui n'était occupé
que de la revue de nos moissons?

Qu'il me soit permis d'ajouter à ces pages, écrites en
Angleterre en 1822, ces autres pages écrites en 1824 et
1840 : elles achèveront le morceau de lord Byron ; ce
morceau se trouvera surtout complété quand on aura lu
ce que je redirai du grand poète en passant à Venise[1].

Il y aura peut-être quelque intérêt à remarquer dans
l'avenir la rencontre des deux chefs de la nouvelle école
française et anglaise, ayant un même fonds d'idées, des
destinées, sinon des mœurs, à peu près pareilles : l'un
pair d'Angleterre, l'autre pair de France, tous deux
voyageurs dans l'Orient, assez souvent l'un près de l'autre,
et ne se voyant jamais : seulement la vie du poète anglais
a été mêlée à de moins grands événements que la mienne.

Lord Byron est allé visiter après moi les ruines de la
Grèce : dans *Childe-Harold*, il semble embellir de ses
propres couleurs les descriptions de l'*Itinéraire*[2]. Au
commencement de mon pèlerinage, je reproduis l'adieu
du sire de Joinville à son château ; Byron dit un égal
adieu à sa demeure gothique[3].

Dans *les Martyrs*, Eudore part de la Messénie pour se
rendre à Rome : "Notre navigation fut longue, dit-il,...
nous vîmes tous ces promontoires marqués par des temples
ou des tombeaux...Mes jeunes compagnons n'avaient
entendu parler que des métamorphoses de Jupiter, et ils
ne comprirent rien aux débris qu'ils avaient sous les
yeux ; moi, je m'étais déjà assis, avec le prophète, sur
les ruines des villes désolées, et Babylone m'enseignait
Corinthe."

Le poète anglais est comme le prosateur français,

---

1 See *M. d'O.-T.* VI, 263-9.

2 The *Itinéraire* was published in 1811: the first two cantos of *Childe Harold* in March 1812.

3 Childe Harold's farewell to his native shore (I, xviii) bears no likeness
to the passage from Joinville's *Histoire de Saint-Louis* quoted in *Itinéraire*
(ed. Firmin-Didot, I, 118).

derrière la lettre de Sulpicius à Cicéron[1];— une rencontre si parfaite m'est singulièrement glorieuse, puisque j'ai devancé le chantre immortel au rivage où nous avons eu les mêmes souvenirs, et où nous avons commémoré les mêmes ruines.

J'ai encore l'honneur d'être en rapport avec lord Byron, dans la description de Rome: *les Martyrs* et ma *Lettre sur la campagne romaine* ont l'inappréciable avantage, pour moi, d'avoir deviné les aspirations d'un beau génie[2].

Les premiers traducteurs, commentateurs et admirateurs de lord Byron se sont bien gardés de faire remarquer que quelques pages de mes ouvrages avaient pu rester un moment dans les souvenirs du peintre de *Childe-Harold*; ils auraient cru ravir quelque chose à son génie. Maintenant que l'enthousiasme s'est un peu calmé, on me refuse moins cet honneur. Notre immortel chansonnier[3], dans le dernier volume de ses *Chansons*, a dit: "Dans un des couplets qui précèdent celui-ci, je parle des *lyres* que la France doit à M. de Chateaubriand. Je ne crains pas que ce vers soit démenti par la nouvelle école poétique, qui, née sous les ailes de l'aigle, s'est, avec raison, glorifiée souvent d'une telle origine. L'influence de l'auteur du *Génie du christianisme* s'est fait ressentir également à l'étranger, et il y aurait peut-être justice à reconnaître que le chantre de *Childe-Harold* est de la famille de René."

Dans un excellent article sur lord Byron, M. Villemain[4] a renouvelé la remarque de M. de Béranger:

1 See Cicero, *Epp. ad Famil.* IV, v, for this famous passage, effectively used by Sterne, *Tristram Shandy*, v, iii. The nearest thing to a reminiscence of it in Byron is the opening of *The Curse of Minerva*, written 17 March 1811, and repeated in *The Corsair* III, i. Chateaubriand himself, in the passage referred to from *Les Martyrs* IV, is not merely 'derrière la lettre,' but translates it: 'Devant nous était Égine,' etc.

2 *Les Martyrs* was published in 1809: the letter to Fontanes on the Campagna, written 10 Jan. 1804, appeared in the *Mercure de France* during the following March. The fourth canto of *Childe Harold* was composed in 1817.

3 Pierre-Jean de Béranger (1780–1857).

4 Abel-François Villemain (1790–1865) wrote the article in question for Michaud's *Biographie universelle*.

"Quelques pages incomparables de *René*, dit-il, avaient, il est vrai, épuisé ce caractère poétique. Je ne sais si Byron les imitait ou les renouvelait de génie."

Ce que je viens de dire sur les affinités d'imagination et de destinée entre le chroniqueur de *René* et le chantre de *Childe-Harold* n'ôte pas un seul cheveu à la tête du barde immortel. Que peut à la muse de la *Dee*[1], portant une lyre et des ailes, ma muse pédestre et sans luth? Lord Byron vivra, soit qu'enfant de son siècle comme moi, il en ait exprimé, comme moi et comme Gœthe avant nous[2], la passion et le malheur; soit que mes périples et le falot de ma barque gauloise aient montré la route au vaisseau d'Albion sur des mers inexplorées.

D'ailleurs, deux esprits d'une nature analogue peuvent très bien avoir des conceptions pareilles sans qu'on puisse leur reprocher d'avoir marché servilement dans les mêmes voies. Il est permis de profiter des idées et des images exprimées dans une langue étrangère, pour en enrichir la sienne: cela s'est vu dans tous les siècles et dans tous les temps. Je reconnais tout d'abord que, dans ma première jeunesse, *Ossian*, *Werther*, *les Rêveries du promeneur solitaire*, *les Études de la nature*[3], ont pu s'apparenter à mes idées; mais je n'ai rien caché, rien dissimulé du plaisir que me causaient des ouvrages où je me délectais.

S'il était vrai que *René* entrât pour quelque chose dans le fond du personnage unique mis en scène sous des noms divers dans *Childe-Harold*, *Conrad*[4], *Lara*, *Manfred*, le *Giaour*; si, par hasard, lord Byron m'avait fait vivre de sa vie, il aurait donc eu la faiblesse de ne jamais me nommer? J'étais donc un de ces pères qu'on renie quand on est arrivé au pouvoir? Lord Byron peut-il m'avoir complètement ignoré, lui qui cite presque tous les auteurs français ses contemporains? N'a-t-il jamais

1 The scenery of Dee-side was the subject of some of Byron's earliest poems, *Loch-na-Garr*, etc.

2 In *Werther* (1774).

3 The last two books are respectively by Rousseau and Bernardin de Saint-Pierre.

4 I.e. *The Corsair*.

entendu parler de moi, quand les journaux anglais, comme les journaux français, ont retenti vingt ans auprès de lui de la controverse sur mes ouvrages, lorsque le *New-Times* a fait un parallèle de l'auteur du *Génie du christianisme* et de l'auteur de *Childe-Harold*?

Point d'intelligence, si favorisée qu'elle soit, qui n'ait ses susceptibilités, ses défiances : on veut garder le sceptre, on craint de le partager, on s'irrite des comparaisons. Ainsi, un autre talent supérieur a évité mon nom dans un ouvrage sur la *Littérature*[1]. Grâce à Dieu, m'estimant à ma juste valeur, je n'ai jamais prétendu à l'empire ; comme je ne crois qu'à la vérité religieuse dont la liberté est une forme, je n'ai pas plus de foi en moi qu'en toute autre chose ici-bas. Mais je n'ai jamais senti le besoin de me taire quand j'ai admiré ; c'est pourquoi je proclame mon enthousiasme pour madame de Staël et pour lord Byron. Quoi de plus doux que l'admiration ? c'est de l'amour dans le ciel, de la tendresse élevée jusqu'au culte ; on se sent pénétré de reconnaissance pour la divinité qui étend les bases de nos facultés, qui ouvre de nouvelles vues à notre âme, qui nous donne un bonheur si grand, si pur, sans aucun mélange de crainte ou d'envie.

Au surplus, la petite chicane que je fais dans ces *Mémoires* au plus grand poète que l'Angleterre ait eu depuis Milton ne prouve qu'une chose : le haut prix que j'aurais attaché au souvenir de sa muse.

Lord Byron a ouvert une déplorable école : je présume qu'il a été aussi désolé des Childe-Harold auxquels il a donné naissance, que je le suis des René qui rêvent autour de moi.

La vie de lord Byron est l'objet de beaucoup d'investigations et de calomnies : les jeunes gens ont pris au sérieux des paroles magiques ; les femmes se sont senties disposées à se laisser séduire, avec frayeur, par ce *monstre*, à consoler ce Satan solitaire et malheureux.

---

[1] Mme de Staël's *De la littérature considérée dans ses rapports avec l'état morale et politique des nations* (1800) was published before Chateaubriand had made any decided reputation.

Qui sait? il n'avait peut-être pas trouvé la femme qu'il cherchait, une femme assez belle, un cœur aussi vaste que le sien. Byron, d'après l'opinion fantasmagorique, est l'ancien serpent séducteur et corrupteur, parce qu'il voit la corruption de l'espèce humaine; c'est un génie fatal et souffrant, placé entre les mystères de la matière et de l'intelligence, qui ne trouve point de mot à l'énigme de l'univers, qui regarde la vie comme une affreuse ironie sans cause, comme un sourire pervers du mal; c'est le fils du désespoir, qui méprise et renie, qui, portant en soi-même une incurable plaie, se venge en menant à la douleur par la volupté tout ce qui l'approche; c'est un homme qui n'a point passé par l'âge de l'innocence, qui n'a jamais eu l'avantage d'être rejeté et maudit de Dieu; un homme qui, sorti réprouvé du sein de la nature, est le damné du néant.

Tel est le Byron des imaginations échauffées : ce n'est point, ce me semble, celui de la vérité.

Deux hommes différents, comme dans la plupart des hommes, sont unis dans lord Byron : l'homme de la *nature* et l'homme du *système*. Le poète, s'apercevant du rôle que le public lui faisait jouer, l'a accepté et s'est mis à maudire le monde qu'il n'avait pris d'abord qu'en rêverie : cette marche est sensible dans l'ordre chronologique de ses ouvrages.

Quant à son *génie*, loin d'avoir l'étendue qu'on lui attribue, il est assez réservé; sa pensée poétique n'est qu'un gémissement, une plainte, une imprécation; en cette qualité, elle est admirable : il ne faut pas demander à la lyre ce qu'elle pense, mais ce qu'elle chante.

Quant à son *esprit*, il est sarcastique et varié, mais d'une nature qui agite et d'une influence funeste : l'écrivain avait bien lu Voltaire, et il l'imite.

Lord Byron, doué de tous les avantages, avait peu de chose à reprocher à sa naissance; l'accident même qui le rendait malheureux et qui rattachait ses supériorités à l'infirmité humaine n'aurait pas dû le tourmenter, puisqu'il ne l'empêchait pas d'être aimé. Le chantre immortel connut par lui-même combien est vraie la maxime de Zénon : " La voix est la fleur de la beauté."

Une chose déplorable, c'est la rapidité avec laquelle les renommées fuient aujourd'hui. Au bout de quelques années, que dis-je ? de quelques mois, l'engouement disparaît ; le dénigrement lui succède. On voit déjà pâlir la gloire de lord Byron ; son génie est mieux compris de nous ; il aura plus longtemps des autels en France qu'en Angleterre. Comme Childe-Harold excelle principalement à peindre les sentiments particuliers de l'individu, les Anglais, qui préfèrent les sentiments communs à tous, finiront par méconnaître le poète dont le cri est si profond et si triste. Qu'ils y prennent garde : s'ils brisent l'image de l'homme qui les a fait revivre, que leur restera-t-il ?

Lorsque j'écrivis, pendant mon séjour à Londres, en 1822, mes sentiments sur lord Byron, il n'avait plus que deux ans à vivre sur la terre : il est mort en 1824, à l'heure où les désenchantements et les dégoûts allaient commencer pour lui. Je l'ai précédé dans la vie : il m'a précédé dans la mort ; il a été appelé avant son tour ; mon numéro primait le sien, et pourtant le sien est sorti le premier. Childe-Harold aurait dû rester : le monde me pouvait perdre sans s'apercevoir de ma disparition. J'ai rencontré, en continuant ma route, madame Guiccioli[1] à Rome, lady Byron à Paris. La faiblesse et la vertu me sont ainsi apparues : la première avait peut-être trop de réalités, la seconde pas assez de songes.

Maintenant, après vous avoir parlé des écrivains anglais à l'époque où l'Angleterre me servait d'asile, il ne me reste qu'à vous dire quelque chose de l'Angleterre elle-même à cette époque, de son aspect, de ses sites, de ses châteaux, de ses mœurs privées et politiques.

Toute l'Angleterre peut être vue dans l'espace de

1 Teresa Gamba, contessa Guiccioli, Byron's mistress. Chateaubriand saw her on the Pincian at Rome in 1829 (*Mém. d'O.-T.* v, 218).

quatre lieues, depuis Richmond, au-dessus de Londres,
jusqu'à Greenwich et au-dessous.

Au-dessous de Londres, c'est l'Angleterre industrielle
et commerçante avec ses docks, ses magasins, ses douanes,
ses arsenaux, ses brasseries, ses manufactures, ses fonderies,
ses navires; ceux-ci, à chaque marée, remontent la Tamise
en trois divisions: les plus petits d'abord, les moyens
ensuite, enfin les grands vaisseaux qui rasent de leurs
voiles les colonnes de l'hôpital des vieux marins et les
fenêtres de la taverne où festoient les étrangers[1].

Au-dessus de Londres, c'est l'Angleterre agricole et
pastorale avec ses prairies, ses troupeaux, ses maisons
de campagne, ses parcs, dont l'eau de la Tamise, refoulée
par le flux, baigne deux fois le jour les arbustes et les
gazons. Au milieu de ces deux points opposés, Richmond
et Greenwich, Londres confond toutes les choses de cette
double Angleterre: à l'ouest l'aristocratie, à l'est la démo-
cratie, la Tour de Londres et Westminster, bornes entre
lesquelles l'histoire entière de la Grande-Bretagne se vient
placer.

Je passai une partie de l'été de 1799 à Richmond avec
Christian de Lamoignon, m'occupant du *Génie du christianisme*. Je faisais des nagées en bateau sur la Tamise,
ou des courses dans le parc de Richmond. J'aurais bien
voulu que le Richmond-lès-Londres fût le Richmond du
traité *Honor Richemundiæ*[2], car alors je me serais retrouvé
dans ma patrie, et voici comment: Guillaume le Bâtard
fit présent à Alain, duc de Bretagne, son gendre, de
quatre cent quarante-deux terres seigneuriales en Angleterre, qui formèrent depuis le comté de Richmond: les
ducs de Bretagne, successeurs d'Alain, inféodèrent ces
domaines à des chevaliers bretons, cadets des familles
de Rohan, de Tinténiac, de Chateaubriand, de Goyon,

1 Greenwich hospital and the Ship hotel, famous for its whitebait dinners.
2 The *Registrum honoris de Richmond*, printed in 1722. The county of
Richmond, comprising north-west Yorkshire with portions of Lancashire,
Westmorland and Cumberland included in the Domesday returns for Yorkshire, was granted by the Conqueror to Alan, earl of Britanny, who married
his daughter Constance.

de Montboucher. Mais, malgré ma bonne volonté, il me faut chercher dans le Yorkshire le comté de Richmond érigé en duché sous Charles II pour un bâtard[1]: le Richmond sur la Tamise est l'ancien Sheen d'Édouard III[2].

Là expira, en 1377, Édouard III, ce fameux roi volé par sa maîtresse Alix Pearce[3], qui n'était plus Alix ou Catherine de Salisbury des premiers jours de la vie du vainqueur de Crécy: n'aimez qu'à l'âge où vous pouvez être aimé. Henri VIII et Élisabeth moururent aussi à Richmond[4]: où ne meurt-on pas? Henri VIII se plaisait à cette résidence. Les historiens anglais sont fort embarrassés de cet abominable homme; d'un côté, ils ne peuvent dissimuler la tyrannie et la servitude du Parlement; de l'autre, s'ils disaient trop anathème au chef de la Réformation, ils se condamneraient en le condamnant:

Plus l'oppresseur est vil, plus l'esclave est infâme[5].

On montre dans le parc de Richmond le tertre qui servait d'observatoire à Henri VIII pour épier la nouvelle du supplice d'Anne Boleyn. Henri tressaillit d'aise au signal parti de la Tour de Londres. Quelle volupté! le fer avait tranché le col délicat, ensanglanté les beaux cheveux auxquels le poète-roi avait attaché ses fatales caresses.

Dans le parc abandonné de Richmond, je n'attendais aucun signal homicide, je n'aurais pas même souhaité le plus petit mal à qui m'aurait trahi. Je me promenais avec quelques daims paisibles: accoutumés à courir devant une meute, ils s'arrêtaient lorsqu'ils étaient fatigués; on les rapportait, fort gais et tout amusés de ce jeu, dans un tombereau rempli de paille. J'allais voir à Kew les kanguroos, ridicules bêtes, tout juste l'inverse de la girafe:

---

1 Charles Lennox, son of Charles II and the duchess of Portsmouth, created duke of Richmond in 1675.
2 Henry VII gave the name Richmond to Sheen, in memory of his Yorkshire earldom.
3 Alice Perrers.
4 Henry VIII died at Whitehall.
5 From La Harpe's poem on the Revolution.

ces innocents quadrupèdes-sauterelles peuplaient mieux l'Australie que les prostituées du vieux duc de Queensbury[1] ne peuplaient les ruelles de Richmond. La Tamise bordait le gazon d'un cottage à demi caché sous un cèdre du Liban et parmi des saules pleureurs : un couple nouvellement marié était venu passer la lune de miel dans ce paradis.

Voici qu'un soir, lorsque je marchais tout doux sur les pelouses de Twickenham, apparaît Peltier, tenant son mouchoir sur sa bouche : "Quel sempiternel tonnerre de brouillard ! s'écria-t-il aussitôt qu'il fut à portée de la voix. Comment diable pouvez-vous rester là ? j'ai fait ma liste : Stowe, Bleinheim, Hampton-Court, Oxford ; avec votre façon songearde, vous seriez chez John Bull *in vitam æternam*, que vous ne verriez rien."

Je demandai grâce inutilement, il fallut partir. Dans la calèche, Peltier m'énuméra ses espérances ; il en avait des relais ; une crevée sous lui, il en enfourchait une autre, et en avant, jambe de ci, jambe de çà, jusqu'au bout de la journée. Une de ses espérances, la plus robuste, le conduisit dans la suite à Bonaparte qu'il prit au collet : Napoléon eut la simplicité de boxer avec lui. Peltier avait pour second James Mackintosh ; condamné devant les tribunaux, il fit une nouvelle fortune (qu'il mangea incontinent) en vendant les pièces de son procès[2].

Bleinheim[3] me fut désagréable : je souffrais d'autant plus d'un ancien revers de ma patrie, que j'avais eu à supporter l'insulte d'un récent affront : un bateau en amont de la Tamise m'aperçut sur la rive ; les rameurs avisant un Français poussèrent des hourras ; on venait

1 William Douglas, fourth duke of Queensberry (1724–1810), known as ' Old Q.': as earl of March, he appears in Thackeray's *The Virginians*.

2 Peltier was sued for libelling the first consul in his paper *l'Ambigu*. Defended by sir James Mackintosh, who had long renounced the republican sympathies declared in *Vindiciae Gallicae*, he was condemned in Feb. 1803 to pay a nominal fine.

3 Blenheim palace, begun in 1705 after designs by sir John Vanbrugh, was the result of a parliamentary grant to Marlborough in recognition of his victory at Blenheim (1704).

de recevoir la nouvelle du combat naval d'Aboukir[1]: ces succès de l'étranger, qui pouvaient m'ouvrir les portes de la France, m'étaient odieux. Nelson, que j'avais rencontré plusieurs fois dans Hyde-Park[2], enchaîna ses victoires à Naples dans le châle de lady Hamilton, tandis que les lazzaroni jouaient à la boule avec des têtes. L'amiral mourut glorieusement à Trafalgar, et sa maîtresse misérablement à Calais[3], ayant perdu beauté, jeunesse et fortune. Et moi qu'outragea sur la Tamise le triomphe d'Aboukir, j'ai vu les palmiers de la Libye border la mer calme et déserte qui fut rougie du sang de mes compatriotes.

Le parc de Stowe[4] est célèbre par ses fabriques : j'aime mieux ses ombrages. Le *cicerone* du lieu nous montra, dans une ravine noire, la copie d'un temple dont je devais admirer le modèle dans la brillante vallée du Céphise[5]. De beaux tableaux de l'école italienne s'attristaient au fond de quelques chambres inhabitées, dont les volets étaient fermés : pauvre Raphaël, prisonnier dans un château des vieux Bretons, loin du ciel de la Farnésine !

Hampton-Court conservait la collection des portraits des maîtresses de Charles II[6]: voilà comme ce prince avait pris les choses en sortant d'une révolution qui fit tomber la tête de son père et qui devait chasser sa race.

Nous vîmes, à Slough, Herschell avec sa savante sœur[7]

---

1 1 Aug. 1798.

2 This is improbable, as Nelson did not return to England until the year of Chateaubriand's departure.

3 In 1815.

4 Stowe, near Buckingham, rebuilt by Richard Temple, viscount Cobham (d. 1749), by whom the gardens, celebrated in verse by Pope and Thomson, were laid out. The owner at this date was lord Cobham's great-nephew, the first marquess of Buckingham (d. 1813), whose son was created duke of Buckingham and Chandos in 1822. The objects of art contained in the house were sold by the second duke in 1848.

5 The temple of Venus, by Kent. Chateaubriand visited the valley of the Cephisus on the way from Eleusis to Athens, 23 Aug. 1806 (*Itinéraire* I, 204).

6 Chiefly by sir Peter Lely: they were removed from Windsor to William III's state bedroom at Hampton court.

7 Sir William Herschel (1738–1842), court astronomer, and his sister Caroline (1750–1848). He lived at Slough from 1786: the great telescope, begun in 1785, was first used in 1789.

et son grand télescope de quarante pieds; il cherchait de nouvelles planètes : cela faisait rire Peltier qui s'en tenait aux sept vieilles.

Nous nous arrêtâmes deux jours à Oxford. Je me plus dans cette république d'Alfred le Grand[1]; elle représentait les libertés privilégiées et les mœurs des institutions lettrées du moyen âge. Nous ravaudâmes les vingt-cinq collèges, les bibliothèques, les tableaux, le muséum, le jardin des plantes. Je feuilletai avec un plaisir extrême, parmi les manuscrits du collège de Worcester, une vie du Prince Noir, écrite en vers français par le héraut d'armes de ce prince[2].

Oxford, sans leur ressembler, rappelait à ma mémoire les modestes collèges de Dol, de Rennes et de Dinan[3]. J'avais traduit l'élégie de Gray sur le *Cimetière de campagne* :

The curfew tolls the knell of parting day.

Imitation de ce vers de Dante :

Squilla di lontano
Che paja 'l giorno pianger che si muore[4].

Peltier s'était empressé de publier à son de trompe, dans son journal, ma traduction. A la vue d'Oxford, je me souvins de l'ode du même poète sur *une vue lointaine du collège d'Éton*[5] :

"Heureuses collines, charmants bocages, champs aimés en vain, où jadis mon enfance insouciante errait étrangère à la peine ! je sens les brises qui viennent de vous : elles semblent caresser mon âme abattue, et, parfumées de joie et de jeunesse, me souffler un second printemps.

"Dis, paternelle Tamise,...dis quelle génération volage

1 The legendary founder of the university, the origin of which, however, is not earlier than the second half of the twelfth century.

2 Actually by the herald of sir John Chandos. It was printed in 1842 : another edition was published in 1910.

3 Chateaubriand was educated in these three colleges successively.

4 Dante, *Purg.* VIII, 5, 6:
'The vesper-bell from far,
That seems to mourn for the expiring day' (Cary).

5 The quotations are from the second and portions of the third and fifth stanzas.

l'emporte aujourd'hui à précipiter la course du cerceau roulant, ou à lancer la balle fugitive. Hélas! sans souci de leur destinée, folâtrent les petites victimes! Elles n'ont ni prévision des maux à venir, ni soin d'outre-journée."

Qui n'a éprouvé les sentiments et les regrets exprimés ici avec toute la douceur de la muse? qui ne s'est attendri au souvenir des jeux, des études, des amours de ses premières années? Mais peut-on leur rendre la vie? Les plaisirs de la jeunesse reproduits par la mémoire sont des ruines vues au flambeau.

VIE PRIVÉE DES ANGLAIS

Séparés du continent par une longue guerre, les Anglais conservaient, à la fin du dernier siècle, leurs mœurs et leur caractère national. Il n'y avait encore qu'un peuple, au nom duquel s'exerçait la souveraineté par un gouvernement aristocratique; on ne connaissait que deux grandes classes amies et liées d'un commun intérêt, les patrons et les clients. Cette classe jalouse, appelée bourgeoisie en France, qui commence à naître en Angleterre, n'existait pas: rien ne s'interposait entre les riches propriétaires et les hommes occupés de leur industrie. Tout n'était pas encore machine dans les professions manufacturières, folie dans les rangs privilégiés. Sur ces mêmes trottoirs où l'on voit maintenant se promener des figures sales et des hommes en redingote, passaient de petites filles en mantelet blanc, chapeau de paille noué sous le menton avec un ruban, corbeille au bras, dans laquelle étaient des fruits ou un livre; toutes tenant les yeux baissés, toutes rougissant lorsqu'on les regardait. "L'Angleterre, dit Shakespeare, est un nid de cygnes au milieu des eaux[1]." Les redingotes sans habit étaient si peu d'usage à Londres, en 1793, qu'une femme, qui pleurait à chaudes larmes la mort de Louis XVI, me disait: "Mais, cher monsieur, est-il vrai que le pauvre roi était vêtu d'une redingote quand on lui coupa la tête?"

1 *Cymbeline* III, iv, 142: 'In a great pool a swan's nest.'

Les *gentlemen-farmers* n'avaient point encore vendu
leur patrimoine pour habiter Londres; ils formaient
encore dans la chambre des Communes cette fraction
indépendante qui, se portant de l'opposition au ministère,
maintenait les idées de liberté, d'ordre et de propriété.
Ils chassaient le renard ou le faisan en automne, mange-
aient l'oie grasse à Noël, criaient *vivat* au *roastbeef*, se
plaignaient du présent, vantaient le passé, maudissaient
Pitt et la guerre, laquelle augmentait le prix du vin de
Porto, et se couchaient ivres pour recommencer le lendemain la même vie. Ils se tenaient assurés que la gloire
de la Grande-Bretagne ne périrait point tant qu'on
chanterait *God save the King*, que les bourgs-pourris
seraient maintenus, que les lois sur la chasse resteraient
en vigueur, et que l'on vendrait furtivement au marché
les lièvres et les perdrix sous le nom de *lions* et d'*autruches*.

Le clergé anglican était savant, hospitalier et généreux[1];
il avait reçu le clergé français avec une charité toute
chrétienne. L'université d'Oxford fit imprimer à ses frais
et distribuer gratis aux curés un Nouveau Testament,
selon la leçon romaine, avec ces mots: *A l'usage du clergé
catholique exilé pour la religion.* Quant à la haute société
anglaise, chétif exilé, je n'en apercevais que les dehors.
Lors des réceptions à la cour ou chez la princesse de
Galles[2], passaient des ladies assises de côté dans des
chaises à porteurs; leurs grands paniers sortaient par la
porte de la chaise comme des devants d'autel. Elles
ressemblaient elles-mêmes, sur ces autels de leur ceinture,
à des madones ou à des pagodes. Ces belles dames
étaient les filles dont le duc de Guiche et le duc de
Lauzun avaient adoré les mères; ces filles sont, en 1822,
les mères et grand'mères des petites filles qui dansent
chez moi aujourd'hui en robes courtes, au son du galoubet
de Collinet, rapides générations de fleurs.

1 For general remarks upon the English clergy, the result of Chateaubriand's observations in Suffolk, see *Essai sur les Révolutions* II, liii.
2 Caroline of Brunswick, married to the prince of Wales in 1795.

MŒURS POLITIQUES

L'Angleterre de 1688 était, à la fin du siècle dernier, à l'apogée de sa gloire. Pauvre émigré à Londres, de 1793 à 1800, j'ai entendu parler les Pitt, les Fox, les Sheridan, les Wilberforce, les Grenville, les Whitebread, les Lauderdale, les Erskine[1]; magnifique ambassadeur à Londres aujourd'hui, en 1822, je ne saurais dire à quel point je suis frappé, lorsque, au lieu des grands orateurs que j'avais admirés autrefois, je vois se lever ceux qui étaient leurs seconds à la date de mon premier voyage, les écoliers à la place des maîtres. Les idées *générales* ont pénétré dans cette société *particulière*. Mais l'aristocratie éclairée, placée à la tête de ce pays depuis cent quarante ans, aura montré au monde une des plus belles et des plus grandes sociétés qui aient fait honneur à l'espèce humaine depuis le patriciat romain. Peut-être quelque vieille famille, dans le fond d'un comté, reconnaîtra la société que je viens de peindre, et regrettera le temps dont je déplore ici la perte.

En 1792, M. Burke se sépara de M. Fox[2]. Il s'agissait de la Révolution française que M. Burke attaquait et que M. Fox défendait. Jamais les deux orateurs, qui jusqu'alors avaient été amis, ne déployèrent autant d'éloquence. Toute la Chambre fut émue, et des larmes remplissaient les yeux de M. Fox, quand M. Burke termina sa réplique par ces paroles: "Le très honorable gentleman, dans le discours qu'il a fait, m'a traité à chaque phrase avec une dureté peu commune; il a

1 See *Essai* I, xxxiv, for a contrast between Pitt and Fox. Sheridan was secretary to the treasury in Pitt's administration. William Wilberforce (1759–1833) was in the midst of his campaign for the abolition of slavery. William Wyndham Grenville (1759–1834), created baron Grenville 1790, was foreign secretary 1791–1801 and succeeded Pitt as prime minister: he was the younger brother of the owner of Stowe. Samuel Whitbread (1758–1815), M.P. for Bedford, James Maitland, eighth earl of Lauderdale (1759–1839), and Thomas Erskine (1750–1823), M.P. for Portsmouth and afterwards lord chancellor, were prominent members of the opposition.

2 Actually in 1791, the year after the publication of Burke's *Reflections on the French Revolution*.

censuré ma vie entière, ma conduite et mes opinions. Nonobstant cette grande et sérieuse attaque, non méritée de ma part, je ne serai pas épouvanté ; je ne crains pas de déclarer mes sentiments dans cette Chambre ou partout ailleurs. Je dirai au monde entier que la Constitution est en péril. C'est certainement une chose indiscrète en tout temps, et beaucoup plus indiscrète encore à cet âge de ma vie, que de provoquer des ennemis, ou de donner à mes amis des raisons de m'abandonner. Cependant, si cela doit arriver pour mon adhérence à la Constitution britannique, je risquerai tout, et comme le devoir public et la prudence publique me l'ordonnent, dans mes dernières paroles je m'écrierai : Fuyez la Constitution française!— *Fly from the French Constitution."*

M. Fox ayant dit qu'il ne s'agissait pas de *perdre des amis,* M. Burke s'écria :

"Oui, il s'agit de perdre des amis! Je connais le résultat de ma conduite ; j'ai fait mon devoir au prix de mon ami, notre amitié est finie : *I have done my duty at the price of my friend ; our friendship is at an end.* J'avertis les très honorables gentlemen, qui sont les deux grands rivaux dans cette chambre, qu'ils doivent à l'avenir (soit qu'ils se meuvent dans l'hémisphère politique comme deux grands météores, soit qu'ils marchent ensemble comme deux frères), je les avertis qu'ils doivent préserver et chérir la Constitution britannique, qu'ils doivent se mettre en garde contre les innovations et se sauver du danger de ces nouvelles théories.—*From the danger of these new theories."* Mémorable époque du monde !

M. Burke, que je connus vers la fin de sa vie, accablé de la mort de son fils unique, avait fondé une école consacrée aux enfants des pauvres émigrés[1]. J'allai voir ce qu'il appelait sa pépinière, *his nursery.* Il s'amusait de la vivacité de la race étrangère qui croissait sous la paternité de son génie. En regardant sauter les insouciants petits exilés, il me disait : "Nos petits garçons ne feraient pas cela :

---

[1] At Penn, near Beaconsfield, some three miles from Burke's house of Gregories, renamed by him Butler's Court.

our boys could[1] *not do that*," et ses yeux se mouillaient de larmes : il pensait à son fils parti pour un plus long exil.

Pitt, Fox, Burke ne sont plus[2], et la Constitution anglaise a subi l'influence des *nouvelles théories*. Il faut avoir vu la gravité des débats parlementaires à cette époque, il faut avoir entendu ces orateurs dont la voix prophétique semblait annoncer une révolution prochaine, pour se faire une idée de la scène que je rappelle. La liberté, contenue dans les limites de l'ordre, semblait se débattre à Westminster sous l'influence de la liberté anarchique, qui parlait à la tribune encore sanglante de la Convention.

M. Pitt, grand et maigre, avait un air triste et moqueur. Sa parole était froide, son intonation monotone, son geste insensible ; toutefois, la lucidité et la fluidité de ses pensées, la logique de ses raisonnements, subitement illuminés d'éclairs d'éloquence, faisaient de son talent quelque chose hors de ligne.

J'apercevais assez souvent M. Pitt, lorsque de son hôtel, à travers le parc Saint-James, il allait à pied chez le roi. De son côté, George III arrivait de Windsor, après avoir bu de la bière dans un pot d'étain avec les fermiers du voisinage ; il franchissait les vilaines cours de son vilain châtelet[3], dans une voiture grise que suivaient quelques gardes à cheval ; c'était là le maître des rois de l'Europe, comme cinq ou six marchands de la Cité sont les maîtres de l'Inde. M. Pitt, en habit noir, épée à poignée d'acier au côté, chapeau sous le bras, montait, enjambant deux ou trois marches à la fois. Il ne trouvait sur son passage que trois ou quatre émigrés désœuvrés : laissant tomber sur nous un regard dédaigneux, il passait, le nez au vent, la figure pâle.

Ce grand financier n'avait aucun ordre chez lui ; point d'heures réglées pour ses repas ou son sommeil. Criblé de dettes, il ne payait rien, et ne se pouvait résoudre à

1 *Sic:* 'would' is meant.
2 Burke died in 1797, Pitt and Fox in 1806.
3 St James' palace.

faire l'addition d'un mémoire. Un valet de chambre conduisait sa maison. Mal vêtu, sans plaisir, sans passions,
avide seulement de pouvoir, il méprisait les honneurs, et
ne voulait être que *William Pitt.*

Lord Liverpool[1], au mois de juin dernier 1822, me
mena dîner à sa campagne : en traversant la bruyère de
Pulteney, il me montra la petite maison où mourut
pauvre le fils de lord Chatam[2], l'homme d'État qui avait
mis l'Europe à sa solde et distribué de ses propres mains
tous les milliards de la terre.

George III survécut à M. Pitt, mais il avait perdu la
raison et la vue. Chaque session, à l'ouverture du Parlement, les ministres lisaient aux chambres silencieuses et
attendries le bulletin de la santé du roi. Un jour, j'étais
allé visiter Windsor : j'obtins pour quelques schellings
de l'obligeance d'un concierge qu'il me cachât de manière
à voir le roi. Le monarque, en cheveux blancs et aveugle,
parut, errant comme le roi Lear dans ses palais et tâtonnant avec ses mains les murs des salles. Il s'assit devant
un piano dont il connaissait la place, et joua quelques
morceaux d'une sonate de Hændel : c'était une belle fin
de la *vieille Angleterre. Old England !*

Je commençais à tourner les yeux vers ma terre natale.
Une grande révolution s'était opérée. Bonaparte, devenu
premier consul[3], rétablissait l'ordre par le despotisme ;
beaucoup d'exilés rentraient ; la haute émigration, surtout,
s'empressait d'aller recueillir les débris de sa fortune : la
fidélité périssait par la tête, tandis que son cœur battait
encore dans la poitrine de quelques gentilshommes de
province à demi nus. Madame Lindsay était partie ; elle
écrivait à MM. de Lamoignon de revenir ; elle invitait
aussi madame d'Aguesseau, sœur de MM. de Lamoignon,
à passer le détroit. Fontanes m'appelait, pour achever

1 Robert Banks Jenkinson, second earl of Liverpool, prime minister
1812–27. He lived at Coombe, near Surbiton. Chateaubriand has interesting recollections of him in *M. d'O.-T.* IV, 261–2, 278–9.

2 Pitt died at Bowling Green house, Putney.

3 15 Dec. 1799 (24 frimaire, an VIII).

à Paris l'impression du *Génie du christianisme*. Tout en me souvenant de mon pays, je ne me sentais aucun désir de le revoir ; des dieux plus puissants que les Lares paternels me retenaient ; je n'avais plus en France de biens et d'asile ; la patrie était devenue pour moi un sein de pierre, une mamelle sans lait : je n'y trouverais ni ma mère, ni mon frère, ni ma sœur Julie. Lucile existait encore, mais elle avait épousé M. de Caud, et ne portait plus mon nom ; ma jeune *veuve* ne me connaissait que par une union de quelques mois, par le malheur et par une absence de huit années.

Livré à moi seul, je ne sais si j'aurais eu la force de partir ; mais je voyais ma petite société se dissoudre ; madame d'Aguesseau me proposait de me mener à Paris : je me laissai aller. Le ministre de Prusse me procura un passeport, sous le nom de La Sagne, habitant de Neuchâtel. MM. Dulau interrompirent le tirage du *Génie du christianisme*, et m'en donnèrent les feuilles composées. Je détachai des *Natchez* les esquisses d'*Atala* et de *René*; j'enfermai le reste du manuscrit dans une malle dont je confiai le dépôt à mes hôtes, à Londres, et je me mis en route pour Douvres avec madame d'Aguesseau : madame Lindsay nous attendait à Calais.

Ainsi j'abandonnai l'Angleterre en 1800 ; mon cœur était autrement occupé qu'il ne l'est à l'époque où j'écris ceci, en 1822. Je ne ramenais de la terre d'exil que des regrets et des songes ; aujourd'hui ma tête est remplie de scènes d'ambition, de politique, de grandeurs et de cours, si messéantes à ma nature. Que d'événements sont entassés dans ma présente existence ! Passez, hommes, passez ; viendra mon tour. Je n'ai déroulé à vos yeux qu'un tiers de mes jours ; si les souffrances que j'ai endurées ont pesé sur mes sérénités printanières, maintenant, entrant dans un âge plus fécond, le germe de *René* va se développer, et des amertumes d'une autre sorte se mêleront à mon récit ! Que n'aurai-je point à dire en parlant de ma patrie, de ses révolutions dont j'ai déjà montré le premier plan ; de cet Empire et de l'homme gigantesque

que j'ai vu tomber ; de cette Restauration à laquelle j'ai pris tant de part, aujourd'hui glorieuse en 1822, mais que je ne puis néanmoins entrevoir qu'à travers je ne sais quel nuage funèbre ?

Je termine ce livre, qui atteint au printemps de 1800. Arrivé au bout de ma première carrière, s'ouvre devant moi *la carrière de l'écrivain* ; d'homme privé, je vais devenir homme public ; je sors de l'asile virginal et silencieux de la solitude pour entrer dans le carrefour souillé et bruyant du monde ; le grand jour va éclairer ma vie rêveuse, la lumière pénétrer dans le royaume des ombres. Je jette un regard attendri sur ces livres qui renferment mes heures immémorées ; il me semble dire un dernier adieu à la maison paternelle ; je quitte les pensées et les chimères de ma jeunesse comme des sœurs, comme des amantes que je laisse au foyer de la famille et que je ne reverrai plus.

Nous mîmes quatre heures à passer de Douvres à Calais. Je me glissai dans ma patrie à l'abri d'un nom étranger : caché doublement dans l'obscurité du Suisse La Sagne et dans la mienne, j'abordai la France avec le siècle[1].

1 Chateaubriand announced his arrival at Calais to Fontanes in a letter dated 18 floreal, an VIII (8 May 1800). He thus anticipated the century by some months.

APPENDIX I

PRINCIPAL DATES IN THE LIFE OF CHATEAUBRIAND

1768, 4 Sept. François-René de Chateaubriand born at Saint-Malo.

1776 Removal of the Chateaubriand family from Saint-Malo to Combourg. Chateaubriand goes to the college of Dol: his education (1776–84) continued at the colleges of Rennes and Dinan.

1786 Death of Chateaubriand's father.

1787 Enters regiment of Navarre as second-lieutenant. Quartered at Cambrai and Dieppe.

1789 In Paris. First acquaintance with Fontanes and other men of letters.

1791, 8 April—**1792,** 2 Jan. Visit to America.

1792, 19 Jan. Marriage with Céleste Buisson de la Vigne at Saint-Malo.
15 July. Departure from Paris to join the army of the princes. In Flanders, Germany and Lorraine. After siege of Thionville (Sept.), travels through the Low Countries and sails for Jersey (1793).

1793, May. Arrival in London.

1797 Publication of *Essai historique sur les Révolutions*.

1800, May. Return to France.

1801, April. Publication of *Atala*.

1802, April. Publication of *Génie du Christianisme*.

1803 First secretary of embassy at Rome. After the death of Mme de Beaumont (4 Nov.), conceives the idea of writing *Mémoires*.

1804, 10 Jan. *Lettre sur la campagne romaine* written to Fontanes.
21 Jan. Leaves Rome for Paris.
21 March. Execution of the duc d'Enghien. Chateaubriand resigns his appointment as minister to the Valais.
9 Nov. Death of Chateaubriand's youngest sister Lucile.

1805 Visit to Auvergne and Savoy.

1806, 13 July—**1807,** 5 June. Travels in the East.

1807, August. Settles at the Vallée-aux-Loups, Aunay (Seine-et-Oise).

1809, March. Publication of *Les Martyrs*.

1811, 20 Feb. Elected a member of the Academy.
March. Publication of *Itinéraire de Paris à Jérusalem*.
4 Oct. Beginning of *Mémoires d'Outre-Tombe* (for composition and publication see introduction).

1812, Sept. Ordered to retire from Paris: at Dieppe till Dec.

1814 Publication of *De Buonaparte et des Bourbons* and *Réflexions politiques* after the fall of Napoleon.

1815, March. Leaves Paris. At Ghent during the Hundred days, where he is nominated minister of the interior.
17 Aug. Nominated to chamber of peers. Beginning of his predominant influence in the press.

1816 Publication of *La Monarchie selon la Charte*. The pamphlet suppressed. Chateaubriand deprived of his ministry in October.

1820, 13 Feb. Murder of the duc de Berry. Fall of the Decazes ministry.
30 Nov. Chateaubriand nominated ambassador to Berlin by Richelieu.

1821, April. Return from Berlin to Paris. Re-established as minister 1 May.

1822, 9 Jan. Nominated ambassador to London by Villèle.
8 Sept. Leaves London for Paris. French envoy at the congress of Verona in Oct.
28 Dec. Appointed minister of foreign affairs.

1823, 28 Jan. Declaration of war against the Spanish rebels, the result of Chateaubriand's policy.

1824, 6 June. Dismissal of Chateaubriand on the ground of his resistance to Villèle's financial measures. Goes into opposition as an ultra-royalist, but champion of the liberty of the press.
15 Sept. Death of Louis XVIII. Publication of *Le roi est mort, vive le roi!*

1827, 5 Dec. Fall of the Villèle ministry.

1828, Sept. Chateaubriand appointed ambassador to Rome by Martignac.

1829, 28 May. Returns to Paris from Rome.

1830, 10 Aug. Resignation of his offices after the revolution of July.

1831, 24 March. Publication of *La Restauration et la monarchie élective*.
4 April. Publication of *Études historiques*.

1832, 30 April. Landing of the duchesse de Berry in France. Chateaubriand arrested in June as an accomplice.

1833 Employed as envoy from the duchesse de Berry to the exiled royal family. At Prague in May, Venice in Sept. and Prague again 26 Sept.—4 Oct.

1841, 16 Nov. Conclusion of *Mémoires d'Outre-Tombe* in Paris.

1843, Nov. Visit to the comte de Chambord in London.

1844 Publication of the *Vie de Rancé*.

1845 At Venice with the comte de Chambord.

1847, 9 Feb. Death of Mme de Chateaubriand.

1848, 4 July. Death of Chateaubriand at 112, rue du Bac.
19 July. Funeral on le Grand-Bé.

APPENDIX II

THE FAMILY OF CHATEAUBRIAND

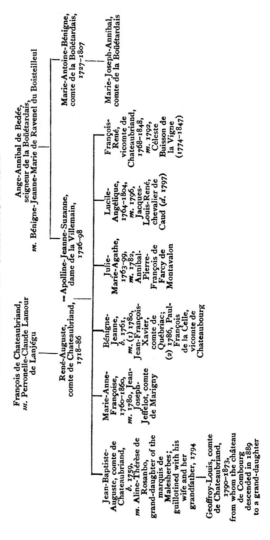

François de Chateaubriand,
m. Perronelle-Claude Lamour
de Lanjégu

Ange-Annibal de Bedée,
seigneur de la Boüétardais,
m. Bénigne-Jeanne-Marie de Ravenel du Boisteilleul

René-Auguste,
comte de Chateaubriand,
1718–86

Apolline-Jeanne-Suzanne,
dame de la Villemain,
1726–98

Marie-Antoine-Bénigne,
comte de la Boüétardais,
1727–1807

Marie-Joseph-Annibal,
comte de la Boüétardais

Marie-Anne-Françoise,
1760–1860,
m. 1780, Jean-Joseph-Jeffelot, comte de Marigny

Bénigne-Jeanne,
b. 1761,
m. (1) 1780,
Jean-François-Xavier,
comte de Québriac;
(2) 1786, Paul-François de la Celle,
vicomte de Chateaubourg

Julie-Marie-Agathe,
1763–99,
m. 1782,
Annibal-Pierre-François de Farcy de Montavalon

Lucile-Angélique,
1764–1804,
m. 1796,
Jacques-Louis-René,
chevalier de
Caud (*d.* 1797)

François-René,
vicomte de
Chateaubriand,
1768–1848,
m. 1792,
Céleste
Buisson de
la Vigne
(1774–1847)

Jean-Baptiste-Auguste, comte de Chateaubriand,
b. 1759,
m. Aline-Thérèse de
Rosanbo,
grand-daughter of the
marquis de
Malesherbes;
guillotined with his
wife and her
grandfather, 1794

Geoffroy-Louis, comte de Chateaubriand,
1790–1873,
from whom the château
de Combourg
descended in 1889
to a grand-daughter